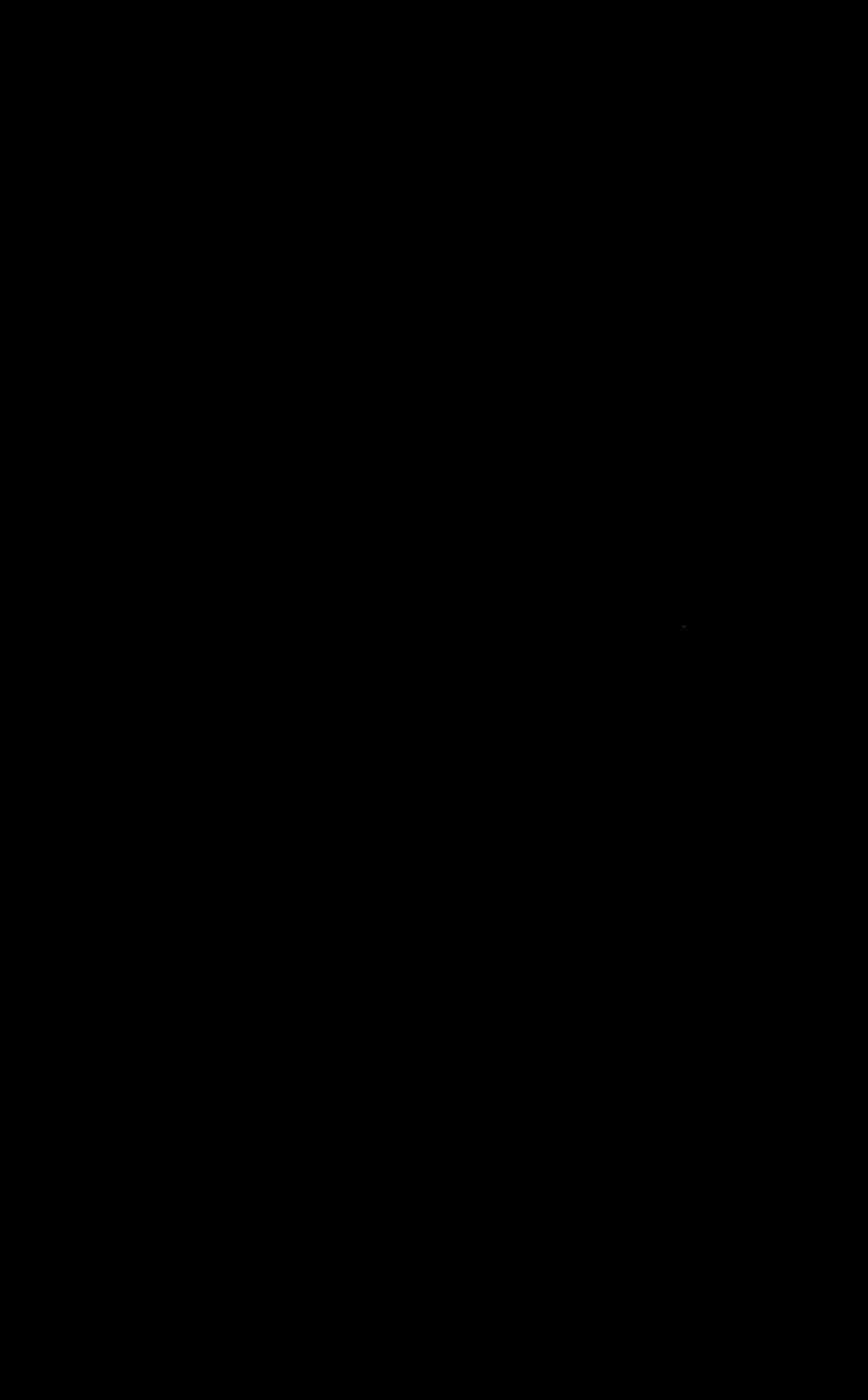

불자들이 꼭 외워야 할 다라니

생활 속의 진언

정의행 엮음

불자들이 꼭 외워야 할 다라니

생활 속의 진언

찍은날 ❙ 2018년 10월 19일
펴낸날 ❙ 2018년 10월 29일

엮은이 ❙ 정 의 행
펴낸이 ❙ 김 지 숙
펴낸곳 ❙ 북도드리
등록번호 ❙ 제2017-88호

주소 ❙ 서울시 금천구 가산디지털2로 98,
　　　　B208호(가산동, IT캐슬)
전화 ❙ (02) 868-3018
팩스 ❙ (02) 868-3019
전자우편 ❙ bookakdma@naver.com

ISBN 979-11-964777-0-7 03220

• 책 값은 뒤표지에 있습니다.
• 잘못된 책은 바꾸어드립니다.

이 도서의 국립중앙도서관 출판도서목록(CIP)은 서지정보유통지원
시스템 홈페이지(http://seoji.nl.go.kr)와 국가자료공동목록시스템
(http://nl.go.kr/kolisnet)에서 이용하실 수 있습니다.
(CIP제어번호 : CIP2018028409)

불자들이 꼭 외워야 할 다라니

생활 속의 진언

정의행 엮음

도서출판 북도드리

머리말

 진언(眞言 : 다라니)은 우리 삶과 거리가 먼 것처럼 느끼기 쉽지만, 사실은 예로부터 우리 삶 속에 깊이 자리잡아 왔습니다.

누구나 한번쯤은 들어 보았을 주문인 '수리수리 마하수리 수수리 사바하'(말을 깨끗이 하는 진언)부터, 불자들이 즐겨 외우는 반야심경 속의 '아제아제 바라아제 바라승아제 모지사바하'(마하반야바라밀다 진언)까지 꽤 낯익은 진언도 있습니다.

예로부터 우리 불교에서는 진언을 중시하여, 매일 아침과 저녁에 으레 '송주(誦呪 : 4대 진언 외우기)'를 하거나 신묘장구대다라니를 중심으로 한 천수경을 독송해 왔습니다. 뿐만 아니라 다라니 경전들을 베껴 쓰거나(사경) 찍어 탑이나 불상 안에 모시고(복장), 업장(業障 : 악업에 따른 장애)이 사라지고 나라가 평안하길 빌었습니다. 특히 조선시대에는 많은 진언집을 우리말로 펴내어 불교의 대중화에 이바지하였습니다.

오늘날에도 선종(禪宗)의 종지(宗旨 : 바탕 뜻)를 내세우는 조계종에서조차 절에서 하는 의식 속에 수많은 진언이 들어 있고, 진언을 외우며 수행하는 주력(呪力)이 큰 비중을 차지하고 있습니다.

그러나 진언을 왜 외워야 하는지, 어떤 경우에 외워야 하는지 잘 모르는 불자들이 많습니다. 또 진언을 외우면 어떤 보람과 영험이 있는지 궁금해 하는 불자들도 있습니다.

이 진언집은 이러한 궁금증을 풀어 드리기 위해 엮었습니다. 그리고 생활 속에서 외울 만한 진언들을 모아 엮었습니다. 진언을 번역하면 뜻이 줄어들거나 그릇되기 쉬우므로 번역하지 않는다

머리말

는 전통적인 법에 따라 번역하지 않았지만, 어떠한 때에 외우며 외운 보람이 어떠한지 밝혀 놓았습니다.

　누구든지 이 진언집을 수첩처럼 간직하고 생활 속에서 늘 외운다면, 번뇌를 없애고 마음을 밝히는 수행에 도움이 될 뿐만 아니라 반드시 불보살님의 가피를 입어 큰 보람을 얻으리라 믿습니다.

일러두기

1. 오늘날 우리 불교에서 외우고 있는 중요한 진언들을 모두 모아 실었습니다.

2. 오늘날에는 별로 외우고 있지 않지만 불보살님들의 원력이 담긴 중요한 진언들도 여러 경전과 나라 안팎의 진언집에서 뽑아 실었습니다.

3. 진언의 범어(산쓰끄리뜨어) 원음을 알 수 있는 것은 원음으로 적되, 널리 외우고 있는 진언은 이제까지 쓰여 온 발음을 같이 적었습니다. 원음을 알 수 없는 진언은 이제까지 쓰여 온 발음으로 적었습니다.

4. 진언은 끊어 읽기 좋게 왼쪽 가지런히 하기(정렬)로 편집하였습니다.

5. 진언을 외우는 횟수는 흔히 3번이나 7번이 원칙이지만 낱낱이 표시하지 않았습니다. 다만 많이 외워야 하는 진언은 외우는 횟수를 따로 표시하였습니다.

차 례

차 례

머리말 __ 4
진언이란 무엇인가? __ 30
진언을 외우면 어떤 보람이 있나? __ 32
진언을 외우는 법 __ 36

제1부 부처님의 진언

석가모니불 진언
- 석가여래 진언 __ 46
- 석가여래 소주 __ 46
- 석가모니불 대다라니 __ 47
- 석가모니불설 대요익다라니 __ 48
- 석가모니불정심주 __ 49

아미타불 진언
- 무량수여래 심주 __ 50
- 아미타불 공양진언 __ 50

- 금강계 아미타불 진언 __ 51
- 태장계 아미타불 진언 __ 51
- 무량수여래 근본다라니 __ 51
- 무량수불설 왕생정토주 __ 53
- 결정왕생정토진언 __ 54
- 개통도로진언 __ 54
- 아미타불 본심미묘진언 __ 54
- 아미타불 심중심주 __ 55
- 무량수불 진언 __ 55
- 무량수불 가지진언 __ 55
- 감로왕여래 진언 __ 55
- 아미타불 종자진언 __ 56
- 불설대승성무량수결정광명왕여래다라니 __ 56
- 아미타불 화신진언 __ 57
- 아미타 고음성왕다라니 __ 57

대일여래 진언
- 대일여래 오자진언 __ 60
- 태장계 대일여래 만족일체지 진언 __ 60
- 금강계 대일여래 진언 __ 61
- 태장계 대일여래 진언 __ 61

차 례

- 광박신여래 진언 _ 62
- 비로자나 법신진언 _ 62

아촉불 진언
- 아촉불 진언 _ 63
- 아촉불 종자진언 _ 63
- 아촉불 공양진언 _ 64
- 아촉불 가지진언 _ 64
- 아촉불 화신진언 _ 65
- 묘색신여래 진언 _ 65

보생불 진언
- 보생여래 종자진언 _ 66
- 보생불 가지진언 _ 66
- 보생여래 화신진언 _ 67
- 보생여래 공양진언 _ 67

불공성취불 진언
- 불공성취여래 진언 _ 68
- 불공성취불 가지진언 _ 68
- 이포외여래 진언 _ 69

- 불공여래 화신진언 __ 69
- 불공성취여래 공양진언 __ 69

약사여래 진언
- 약사여래 대진언 __ 70
- 약사여래 소진언 __ 71
- 칠불약사 진언 __ 71

일체제불 진언
- 일체제불 진언 __ 73
- 제불보살심 진언 __ 73
- 여래심진언 __ 74
- 여래정진언 __ 74
- 법신진언 __ 74
- 보신진언 __ 75
- 화신진언 __ 75
- 불안불모진언 __ 75
- 다보여래 진언 __ 76
- 치성광불정진언 __ 76

차 례

제2부 보살의 진언

관세음보살 진언
- 관세음보살 멸업장진언 __ 78
- 관세음보살 본심미묘육자대명왕진언 __ 79
- 관자재보살 여의륜주 __ 84
- 관세음보살 모다라니 __ 86
- 준제진언 __ 90
- 관자재보살 수심주 __ 92
- 관세음보살 참회주 __ 93
- 신묘장구대다라니 __ 93
- 성관자재보살 진언 __ 102
- 천수관음 진언 __ 102
- 마두관음 진언 __ 103
- 십일면관음 진언 __ 103
- 십일면관음 종자진언 __ 104
- 십일면관세음 신주 __ 104
- 불공견삭관음 연화견삭진언 __ 106
- 불공견삭관음 수작사성취진언 __ 106
- 여의륜관음 진언 __ 107

- 수월관음 진언 __ 108
- 청경관음 진언 __ 108
- 엽의관음 진언 __ 109
- 백의관음 진언 __ 109
- 양류관음 진언 __ 110
- 다라보살 진언 __ 110
- 관세음보살 소설 다라니 __ 111
- 청관세음 자호호타 다라니 __ 111
- 관세음보살 구원 다라니 __ 112
- 청관세음보살 소복독해 다라니 __ 113
- 관세음보살 멸죄득원 다라니 __ 114
- 관세음보살 제업장 다라니 __ 114
- 관세음보살 사십이수주 __ 115

지장보살 진언
- 지장보살 멸정업진언 __ 132
- 지장보살 이익일체중생진언 __ 132
- 지장보살 진언 __ 133
- 지장보살 심주 __ 133
- 지장보살 심중심주 __ 133
- 지장심주 __ 134

차 례

- 지장보살 츰부다라니 _ 134
- 지장보살 진언(조상경) _ 138
- 지장보살설 신주 _ 138
- 지장보살 구품연대주 _ 138
- 지장보살 공양주 _ 139
- 지장보살 총설주 _ 139
- 지지보살 진언 _ 139

문수보살 진언
- 문수보살 근본 일자 다라니 _ 140
- 문수보살 오자진언 _ 141
- 문수보살 법인능소정업주 _ 142
- 팔자 문수진언 _ 143
- 문수사리 법보장 다라니 _ 144
- 문수보살 소제병고 다라니 _ 145
- 일계 문수진언 _ 145
- 문수보살 진언 _ 146
- 문수사리보살 근본대교왕금시조왕진언 _ 146
- 문수사리보살주 _ 147
- 문수보살 요익선리색력명예 다라니 _ 148

보현보살 진언
- 보현보살 진언 __ 149
- 보현보살 근본진언 __ 149
- 보현보살 멸죄주 __ 150
- 보현보살 선다라니 __ 150
- 보현보살 다라니 __ 152
- 보현보살 일체불모 최상다라니 __ 152
- 보현보살 옹호수지진언 __ 153
- 보현보살 여의주진언 __ 154
- 보현연명보살 진언 __ 154
- 속질만보현다라니 __ 154
- 보현보살 법신인주 __ 155
- 견보현보살주 __ 155

미륵보살 진언
- 미륵보살 진언 __ 156
- 미륵보살 법신인주 __ 156
- 미륵보살 다라니 __ 157
- 자씨보살 다라니 __ 157

차 례

그 밖의 보살 진언
- 일광보살 진언 _ 158
- 일광보살 대신주 _ 158
- 월광보살 진언 _ 159
- 월광보살 대신주 _ 159
- 약왕보살 진언 _ 160
- 약왕보살 다라니 _ 160
- 대세지보살 진언 _ 161
- 대세지보살 법인주 _ 161
- 대세지보살 다라니 _ 162
- 대정진보살 진언 _ 162
- 반야보살 진언 _ 162
- 무진의보살 진언 _ 163
- 허공장보살 진언 _ 163
- 허공장 구문지법진언 _ 163
- 허공장보살 소설다라니 _ 164
- 묘견보살 진언 _ 164
- 현호보살 진언 _ 165
- 제개장보살 진언 _ 165
- 금강살타 진언 _ 165
- 대금강륜진언 _ 166

제3부 신중의 진언

- 제천 진언 __ 168
- 도솔천 진언 __ 168
- 범천 진언 __ 169
- 대범천 법인주 __ 169
- 제석천 진언 __ 169
- 제석천왕 제구예진언 __ 170
- 제석심진언 __ 170
- 제석천 법인주 __ 170
- 대자재천 진언 __ 170
- 사천왕 진언 __ 171
- 지국천 진언 __ 171
- 광목천 진언 __ 171
- 증장천 진언 __ 172
- 다문천(비사문천) 진언 __ 172
- 염마천 진언 __ 172
- 변재천 진언 __ 173
- 용 진언 __ 173
- 소청제용왕진언 __ 174

차 례

- 야차 진언 __ 174
- 건달바 진언 __ 175
- 아수라 진언 __ 175
- 가루라 진언 __ 175
- 긴나라 진언 __ 176
- 마후라가 진언 __ 176
- 금강심진언 __ 176
- 예적대원만다라니 __ 177
- 예적명왕 대심진언 __ 177
- 항마진언 __ 178
- 십대명왕 본존진언 __ 178
- 소청팔부진언 __ 178
- 소청삼계제천진언 __ 179
- 소청호법선신진언 __ 179
- 소청제명선신진언 __ 179
- 소청일체선신주 __ 180
- 소청대력선신주 __ 180
- 소청염마라왕진언 __ 180
- 소청일천진언 __ 180
- 소청월천진언 __ 181
- 소청일천자월천자진언 __ 181

- 소청호법신진언 __ 181
- 소청지신진언 __ 182
- 소청일체천룡주 __ 182
- 소청제아수라왕진언 __ 182
- 대성부동명왕자구진언 __ 183
- 보례성중 진언 __ 183

제4부 경전 속의 진언

- 비로자나총귀진언 __ 186
- 약왕보살 다라니(법화경) __ 187
- 용시보살 다라니(법화경) __ 188
- 비사문천왕 다라니(법화경) __ 189
- 지국천왕 다라니(법화경) __ 190
- 나찰녀 다라니(법화경) __ 190
- 반야바라밀다주(반야심경) __ 191
- 대반야이취신주(대반야경) __ 192
- 반야다라니(대반야경) __ 193
- 대반야경 신주(대반야경) __ 194
- 제멸포외주(열반경) __ 194

차 례

- 능가경 다라니(능가경) __ 195
- 일체불정진언(대일경) __ 195
- 금강반야진언(금강경) __ 196
- 인왕반야다라니(인왕경) __ 196
- 대불정수능엄신주(능엄경) __ 198
- 대불정여래밀인수증요의제보살만행수능엄신주 __ 215
- 불정존승다라니(대불정존승다라니경) __ 216
- 불정존승 중주 __ 221
- 불정존승 소주 __ 221

제5부 일상생활 속의 진언

1. 신행 생활
- 귀의삼보진언 __ 224
- 귀의삼보주 __ 224
- 보례진언 __ 225
- 보례삼보진언 __ 225
- 소청삼보진언 __ 226
- 면견시방제불진언 __ 226

- 예배멸죄명종제불래영주 __ 227
- 보시바라밀 보살진언 __ 227
- 지계바라밀 보살진언 __ 227
- 인욕바라밀 보살진언 __ 228
- 정진바라밀 보살진언 __ 228
- 선정바라밀 보살진언 __ 228
- 지혜바라밀 보살진언 __ 228
- 보시진언 __ 229
- 지계진언 __ 229
- 정진진언 __ 230
- 선정진언 __ 230
- 좌선안온주 __ 231
- 다문광학진언 __ 231
- 적정진언 __ 232
- 제불가지진언 __ 232
- 성불진언 __ 232
- 결계진언 __ 233
- 쇄향수진언 __ 233
- 정지진언 __ 233
- 분향진언 __ 234
- 분향공양진언 __ 234

차 례

- 헌향진언 __ 234
- 헌등진언 __ 235
- 헌화진언 __ 235
- 헌과진언 __ 235
- 헌수진언 __ 235
- 헌병진언 __ 236
- 헌식진언 __ 236
- 화만공양진언 __ 236
- 일체법평등개오진언 __ 236
- 회향방편진언 __ 237
- 음식진언 __ 237
- 청제여래진언 __ 238
- 청제보살진언 __ 238
- 청제현성진언 __ 238
- 불삼신진언 __ 238
- 법삼장진언 __ 239
- 승삼승진언 __ 239
- 계장진언 __ 239
- 발보리심진언 __ 240
- 정결도진언 __ 240
- 혜철수진언 __ 240

- 개법장진언 _ 241
- 보협인다라니 _ 241
- 무구정광대다라니 _ 243
- 상륜다라니 _ 244
- 수조불탑다라니 _ 245
- 제개장보살 다라니 _ 245

2. 업장 소멸
- 정구업진언 _ 246
- 정삼업진언 _ 246
- 참회진언 _ 247
- 보참죄장다라니 _ 247
- 멸죄진언 _ 248
- 세제죄장진언 _ 248
- 광명진언 _ 248
- 답살무죄진언 _ 251
- 해백생원가다라니 _ 251
- 불설소재길상다라니 _ 252
- 대보루각다라니 _ 253
- 보루각진언 _ 254
- 멸악취진언 _ 255

차 례

- 구발아귀진언 __ 255
- 환귀본토진언 __ 255

3. 소원 성취
- 대원성취진언 __ 256
- 여원진언 __ 256
- 성취종종공덕진언 __ 256
- 보부모은진언 __ 257
- 보부모은중진언 __ 257
- 선망부모왕생정토진언 __ 257
- 보시주은진언 __ 257
- 수구다라니 __ 258
- 수구진언 __ 259
- 구생시방정토진언 __ 259
- 구생제천궁진언 __ 260
- 금강수명다라니 __ 260
- 연수명다라니 __ 260
- 백자진언 __ 261

4. 공양(식사) 때
- 전발진언 __ 262

- 정식진언 __ 262
- 절수진언 __ 262
- 정수진언 __ 263
- 비시식진언 __ 263

5. 화장실에서
- 입측진언 __ 263
- 세정진언 __ 263
- 세수진언 __ 264
- 세족진언 __ 264
- 무병수진언 __ 264
- 거예진언 __ 264
- 정신진언 __ 265
- 수구향수진언 __ 265
- 삭발진언 __ 265

6. 병 치유와 호신
- 호신진언 __ 266
- 제일체질병다라니 __ 266
- 정안진언 __ 266
- 호제동자다라니 __ 267

차 례

- 장수멸죄 호제동자다라니 __ 267
- 금강역사 호제동자다라니 __ 268

제6부 의식 속의 진언

1. 예경 의식의 진언
- 정구업진언 __ 270
- 오방내외안위제신진언 __ 270
- 파지옥진언 __ 271
- 헌향진언 __ 271

2. 헌공 의식의 진언
- 보례진언 __ 272
- 정삼업진언 __ 272
- 개단진언 __ 273
- 건단진언 __ 273
- 정법계진언 __ 274
- 보소청진언 __ 274
- 헌좌진언 __ 275
- 무량위덕자재광명승묘력변식진언 __ 275

- 시감로수진언 __ 275
- 일자수륜관진언 __ 276
- 유해진언 __ 276
- 운심공양진언 __ 276
- 보공양진언 __ 276
- 보회향진언 __ 277
- 원성취진언 __ 277
- 보궐진언 __ 277
- 진공진언 __ 277

3. 관불 의식의 진언
- 욕불진언 __ 278
- 시수진언 __ 278

4. 영가천도 의식의 진언
(1) 대령
- 보소청진언 __ 279

(2) 관욕
- 정로진언 __ 279
- 목욕진언 __ 280

- 작양지진언 __ 280
- 수구진언 __ 280
- 세수면진언 __ 280
- 화의재진언 __ 281
- 수의진언 __ 281
- 착의진언 __ 281
- 정의진언 __ 282
- 지단진언 __ 282
- 수위안좌진언 __ 282

(3) 시식
- 파지옥진언 __ 283
- 해원결진언 __ 283
- 헌좌진언 __ 284
- 수위안좌진언 __ 284
- 변식진언 __ 284
- 시감로수진언 __ 284
- 일자수륜관진언 __ 285
- 유해진언 __ 285
- 시귀식진언 __ 285
- 시무차법식진언 __ 285

• 보공양진언 __ 286

(4) 봉송
• 소전진언 __ 286
• 봉송진언 __ 286
• 상품상생진언 __ 287
• 보회향진언 __ 287

진언이란 무엇인가?

 진언(眞言)이란 말은 인도의 고대 말인 산쓰끄리뜨어 '만트라(mantra)'라는 말을 말밑(어원)으로 하고 있습니다. 만트라란 거룩한 생각을 나타내는 참다운 말이라는 뜻입니다.

 만트라를 한문으로 '진언'이라고 옮기기 전에는 '주(呪)'나 '신주(神呪)'로 옮겼습니다. 그것은 진언이 예로부터 내려오는 주술신앙의 주문처럼 헤아릴 수 없는 영험의 힘을 가지고 있기 때문입니다.

 그러나 만트라는 주술신앙의 주문과는 달리 궁극적으로 깨달음과 성불(成佛)을 목적으로 하는 것이므로, 밀교를 중국에 전한 불공(不空) 스님(705~774)은 특별히 '진언(眞言)'이라고 번역하였습니다.

 진언을 '다라니(dhāraṇī)'라고도 하는데, 이

말도 산쓰끄리뜨어입니다. 다라니는 '모든 선한 것들을 기억하여 잃어버리지 않게 하고, 모든 악한 것들을 막아서 일어나지 않게 하는 것'이라는 뜻으로 '총지(總持)'라고 번역하기도 합니다.

대승불교에서는 진언을 외우는 것 자체를 수행으로 여겨 매우 중시하고 있습니다. 특히 밀교에서는 몸과 입과 마음을 한데 모아 전심전력으로 진언을 외우며 수행하는데, 몸으로는 부처님께서 깨달으신 내용을 손으로 나타내는 수인(手印)을 맺고, 입으로는 진언을 틀리지 않게 또렷이 외우며, 마음으로는 자신의 보리심(깨달음을 구하는 마음)이 부처님과 하나 되는 것을 관(觀 : 관조) 합니다. 이렇게 함으로써 부처님의 법신(法身 : 진리와 일치하는 참 몸)과 하나인 자신의 법신을 깨치게 됩니다.

진언이란 무엇인가?

진언을 외우면 어떤 보람이 있나?

진언을 외우면 부처님의 가르침을 잊지 않게 되어 깨달음을 빨리 얻을 수 있다.

현우경(賢愚經)에 "진언의 총지력(總持力 : 모두 기억하는 힘)을 얻으면 부처님의 말씀을 듣고 한 말씀도 잊지 않게 된다."고 하였습니다. 진언은 부처님과 보살들의 헤아릴 수 없는 공덕과 힘을 담고 있는 신비한 말이기 때문입니다.

그래서 대집경(大集經)에 보살의 장신구(간직해야 할 것의 비유)로 계율과 선정과 지혜와 더불어 다라니(진언)를 꼽으며, 다라니는 먼저 배운 것을 끝까지 기억할 수 있게 해 주기 때문에 잘 외워야 한다고 했습니다.

예로부터 진언을 많이 외우신 스님들은 배운 것이 별로 없어도 하나를 들으면 열을 알고 한 번 들으면 모든 것을 환히 깨치셨다고 합니다.

진언을 늘 간직하고 외우면 단지 기억력이 좋아질 뿐만 아니라 늘 보리심(깨달음을 추구하는 마음)이 떠나지 않게 되어 그지없는 지혜를 얻어 빨리 성불(成佛)할 수 있습니다.

그러므로 진언을 외우는 수행은 현세의 복을 비는 주술적인 신앙에 그치지 않고 마침내 깨달음과 성불을 목표로 하는 수행입니다.

대지도론(大智度論)에 "이교도의 주술 신앙이 다만 사람들의 욕망을 채우기 위한 목적을 갖고 있는 데 반해, 반야바라밀의 주문(진언)은 온갖 집착을 없애고 부처님의 지혜를 얻게 한다."고 하신 것도 그러한 뜻에서입니다.

진언이란 무엇인가?

진언을 외우면 온갖 재난을 이겨내고 바라는 것을 이룰 수 있다.

 진언을 외우면 현세에서 행복을 얻을 수 있습니다. 진언을 외우면 자신에게 닥칠 수 있는 화재·수재·관재·도적·질병·횡사·흉작·외침(外侵) 등 여덟 가지 재난을 비롯한 온갖 재난으로부터 자신을 보호할 수 있습니다.
 그래서 옛날에는 외적(外賊)이 쳐들어오면 스님들이 법회를 열고 진언을 외웠는데, 실제로 이렇게 하여 외적을 물리쳤다는 기록이《삼국유사》에도 실려 있습니다.
 뿐만 아니라 진언을 외우면 나쁜 목적을 빼놓고는 온갖 소원을 이룰 수 있습니다. 우리나라에서도 진언을 지니고 외워 가난과 질병과 가정불화를 극복하고 소원을 이룬 불자들의 영험 실화들이 수없이 많습니다.

진언을 외우면 업장(業障)을 없앨 수 있다.

 진언 속에는 수많은 부처님과 보살님들의 명호(名號)가 들어 있습니다. 그리고 그러한 부처님과 보살님들께 귀의하며 그 공덕을 찬양하는 내용이 들어 있습니다. 그러므로 늘 진언을 외우면 염불이나 예불을 하는 것과 똑같이 자기 마음에 부처님을 모시게 되어 자연히 업장(業障 : 악업에 따른 장애)을 없앨 수 있습니다.

 늘 진언을 간직하고 외우면 마음이 곧 부처님 마음이 되어 이미 지은 죄업을 참회하여 없앨 수 있을 뿐 아니라 어떠한 죄업도 지을 수 없게 되기 때문입니다.

 그러므로 경전에서는, 진언을 외우면 세세생생 나쁜 세계에 떨어지지 않고 늘 부처님을 뵙게 된다고 하였습니다.

진언을 외우는 법

언제 어디서나 외운다

진언은 언제 어디서나 지니고 외울 수 있습니다. 법당에서뿐만 아니라 걸어다닐 때나 누워 있을 때에도 외울 수 있습니다. 그러므로 스님들뿐만 아니라 재가불자들도 일상생활 속에서 쉽게 수행할 수 있습니다.

다만 진언을 외워 공덕을 이루려면 무엇보다도 몸과 말과 마음을 깨끗이 하고 오로지 한 마음으로 외워야 합니다. 다른 잡념을 가져서는 안됩니다.

제대로 수행하려면 목욕재계를 한다

제대로 진언을 수행하려면 일정한 기간(이레나

21일 등) 목욕 재계를 하고 깨끗한 옷을 갈아입고서 부처님전에 향을 사르고 기도하는 마음으로 전심전력 진언을 외워야 합니다. 이러한 수행을 하는 동안에 고기나 파, 마늘, 달래, 부추와 같은 냄새나는 음식을 먹어서는 안 됩니다. 물론 담배를 피워서도 안 됩니다.

 우리나라 불교를 중흥시킨 분이며 3·1독립운동 때 민족대표 33인 중 한 분이신 용성(龍城) 선사께서는 몸소 진언을 외워 깨치셨는데, 《각해일륜(覺海日輪)》이라는 저서에서 "주문(진언)을 지송하려면 음욕과 주색(酒色)을 엄금하며 항상 청정하게 목욕하고 옷을 자주 갈아입고 향을 피우고 일심 정성으로 주문을 지송해야 한다."고 말씀하셨습니다.

참회를 하고 나서 외운다

 진언을 외우기 전에 먼저 부처님전에 지극한 마음으로 자신이 이제까지 지어온 죄업을 이렇게 참회하여야 합니다.

"제자 ㅇㅇㅇ는 전생부터 지금까지 몸과 입과 마음으로 지은 죄업을 이제 모든 불보살님 앞에서 모두 드러내 참회하옵니다."

지권인을 하고 부처님을 관하며 외운다

그리고 나서 '삼밀가지(三密加持)'라는 수행을 하는데, '삼밀(三密)'이란 범부(凡夫) 중생이 몸과 입과 뜻으로 짓는 삼업(三業)과 달리, 부처님과 일치된 행동과 말과 마음을 뜻합니다. 그리고 '가지(加持)'란 부처님과 상응(相應)하여 일치함으로써 부처님의 가호를 받게 되는 것을 가리킵니다.

몸은 바르게 앉아 손으로 금강지권인(金剛智拳印)을 맺습니다. '금강지권인'이란 엄지손가락을 손바닥에 넣고 다른 네 손가락으로 싸쥐는 금강권을 만든 뒤 왼손의 집게손가락을 펴서 오른손 주먹 속에 넣고 오른손의 엄지손가락과 왼손의 집게손가락을 마주 대는 모양인데, 대적광전이나 비로전에 모셔진 비로자나 부처님의 손모양처럼 하면 됩니다. 이렇게 하는 까닭은 부처님의 세계를 나타내는 오른손과 중생의 세계를 나타내는 왼손을 결합함으로써 중생과 부처가 둘(별개의 것)이 아니라는 것을 깨치기 위해서입니다.

또 입으로는 진언을 외우고, 마음으로는 중생과 부처가 둘이 아님을 관조합니다. 외우는 진언에 따라서 비로자나 부처님이나 관세음보살, 지장보살 등 불보살님의 거룩하신 상호(相好 : 모습)를 관(觀)하기도 합니다. 온누리에 가득하신 불보살님들을 관할 수도 있습니다. 그래서 수많은 불보살님들을 그려 모신 만다라 앞에서 수행을 하기도 합니다.

용성 선사께서는 진언을 외우는 법을 구체적으로 이렇게 말씀하셨습니다.

"네 가지 법을 행할지니, 하나는 주문을 고성

(高聲)으로 외우되 그 외우는 놈을 돌이켜볼 것이며, 하나는 입안의 소리로 주문을 외우되 이 외우는 놈을 돌이켜볼 것이며, 하나는 입과 혀를 움직이지 말고 다만 생각으로 주문을 생각하되 이 생각하는 놈을 돌이켜볼 것이며, 하나는 주문을 외울 때에 범서(梵書 : 산쓰끄리뜨어를 적는 인도 고대 문자)의 '옴(ॐ)'자를 관(觀)하되 그 '옴'자가 달과 같이 두렷하고 밝은 것을 관할 것이나 다만 일체 마음을 비우고 고요히 관법(觀法)을 행하면 자연히 본 마음을 깨치나니 이것이 주문하는 법이다. 자력(自力)과 타력(他力)을 합하여 무궁무진한 진리를 깨치면 그 가운데 불가사의한 도력(道力)이 있게 되는 것이다." (《각해일륜》에서)

이와 같이 우리가 청정한 몸과 입과 뜻으로 전심전력 진언수행을 하면, 보통사람으로서는 알 수 없는 부처님의 신비한 몸과 입과 마음과 상응하여 반드시 부처님의 가피를 입게 됩니다. 그리고 더 나아가 부처님과 하나가 되어 이 몸 그대로 부처가 되는 깨달음[卽身成佛]을 이룰 수 있게 됩니다.

몸과 입과 마음이 청정해야 한다

몸과 입과 마음이 청정하지 못하여 번뇌가 가득한 채 악업을 지으면서 진언을 외우면 아무리 외워도 소용없습니다. 또 진언의 공덕을 불신하면서 외우면 효험이 없습니다. 《미란타왕문경》에 이렇게 말했습니다.

"중생을 지켜주는 진언도 어떤 이는 지켜 주지만 어떤 이는 지켜 주지 않습니다. 세 가지 경우에는 지켜 주지 않습니다. 첫째, 악업을 지으면서 진언을 외는 경우, 둘째, 번뇌를 일으키면서 진언을 외는 경우, 셋째, 불신하면서 진언을 외는 경우입니다. 이와 같이 중생을 지켜 주는 진언도 그 행위(업)에 따라서 지켜 주지 않는 경우도 있는 것입니다."

그러므로 진언을 외우는 이는 항상 몸과 입과 마음을 청정하게 하고 선업(善業)에 힘써야 합니다. 구체적으로는 부처님의 가르침에 따라 열 가지 선업을 행하여야 합니다. 첫째, 살생을 하지 않고 생명을 살리는 일을 해야 합니다. 둘째, 남의 것을 훔치지 않고 자기 것을 베풀어야 합니다. 셋째, 그릇된 음행(淫行 : 성행위)을 하지 않고 청정하게 살아야 합니다. 넷째, 거짓말을 하지 않고 진실한 말을 해야 합니다. 다섯째, 험악한 말을 하지 않고 부드러운 말을 해야 합니다. 여섯째, 이간질하는 말을 하지 않고 화합에 도움이 되는 말을 해야 합니다. 일곱째, 실없는 말을 하지 않고 진솔해야 합니다. 여덟째, 탐욕을 품지 말아야 합니다. 아홉째, 성내지 말아야 합니다. 열째, 어두운 사견(邪見)에 빠지지 말아야 합니다.

진실한 말씀(진언)을 외우는 이가 진실하지 못한 행동과 말과 생각을 한다면 모순이 아니겠습니까?

짧은 진언을 수시로 외운다

제대로 진언 수행을 하려면 목욕재계를 하고

수행하는 것이 원칙이지만, 바쁜 일상생활 속에서는 매번 이렇게 수행하기가 어려우므로 짧은 진언을 기억해 두었다가 늘 외우는 것이 좋습니다. 진언 중에는 '관세음보살 육자대명왕진언'이나 '여의륜주'처럼 재계를 지키지 않고도 외울 수 있는 진언도 있습니다. 그러나 어떠한 경우든 온 마음을 집중하여 외워야 합니다.

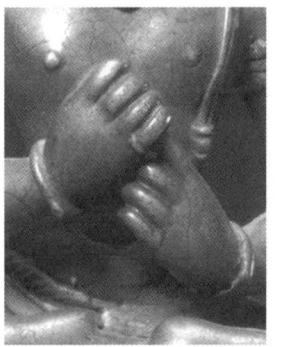

제1부
부처님의 진언

석가모니불 진언
아미타불 진언
대일여래 진언
아촉불 진언
보생불 진언
불공성취불 진언
약사여래 진언
일체제불 진언

제1부 부처님의 진언

석가모니불 진언

석가여래 진언(釋迦如來眞言 : 모든 번뇌로부터 벗어나 허공과 같이 맑고 걸림 없는 석가모니 부처님께 귀의하는 진언)

나마 싸만따 붓다남 바하 싸르와 끌레사
니르쑤다나 싸르와 다르마 바시따
쁘랍따 가가나 싸마싸마 쓰와하 [1)]

석가여래 소주(釋迦如來小呪 : '바하'는 석가모니 부처님을 상징하는 종자種子 진언.[2)] '석가여래종자심진언釋迦如來種子心眞言'이라고도 하며, 석

---

1) 쓰와하 : 완전한 성취를 뜻하는 진언. 진언의 끝에 붙는 경우가 많고, 흔히 한문으로 번역한 진언에서는 '사바하' 라 발음한다.
2) 종자 진언 : 부처님을 상징하는 한 글자 진언.

가모니불 정근을 할 때 외운다.)3)

나마 싸만따 붓다남 바하

※ 기존 발음은

나무 사만다 못다남 박

석가모니불 대다라니(釋迦牟尼佛大陀羅尼 : 석가모니 부처님께서 중생들을 속박에서 해방시켜 주시고 위험과 재난에서 구해 주시는 진언)

기로부제 나치 필기제 나치 오소다제 나치
기모다제 나치 야부도제 나치
아야사야도제 나치 야바도제 나치
기모바야제 나치 오사부제 나치
밀기소제 나치 야밀기제 나치 디미제 나치
필리제타제 나치 사바하

(14번 또는 81번)

---

3) "나무 영산불멸 학수쌍존 시아본사 〈석가모니불(되풀이)〉"을 염불한 뒤 이 진언을 외운다.

제1부 • 부처님의 진언

→ 이 진언은 모든 중생들을 깨닫게 하여 삼계三界[4]에서 벗어나게 하며, 온갖 횡액과 재난에서 구제하며, 깨달음을 빨리 얻을 수 있게 한다. 이 진언을 외우려면 21일 동안 계율을 지키며 하루 여섯 때 깨끗이 목욕하고 깨끗한 옷으로 갈아입고 향을 사르며 석가모니 부처님께 공양을 올리고 사리탑에 참회하고 날마다 81번씩 외워야 한다. - 칠불팔보살소설대다라니신주경

석가모니불설 대요익다라니(釋迦牟尼佛說大饒益陀羅尼 : 석가모니 부처님께서 중생의 이익과 건강과 명예를 위해 말씀하신 다라니)

다냐타 아리 바리 나리 구나리 탁시
탁다시 라류미 류류미 사바하 마하사
리차미 마하차미 노령누노령 희령미령
제령 시리기리 아다바티구 나리아나바제

---

4) 삼계(三界) : 중생이 윤회하는 세계로 욕계(欲界), 색계(色界), 무색계(無色界)를 일컫는다.

파나바제 아가시 마가시 가사가시
파시파사파사 마하파사파시 이리미리
다타 다다타 사바하

석가모니불정심주(釋迦牟尼佛頂心呪 : 석가모니 부처님의 핵심 진언)

나모 살바아야 옴 다타아도 오사니사
아나 바로기다 모리울디제수라시 오흠
샤바라샤바라 다가다가 비다가 비다가
타라타라 비타라비타라 진다진다
빈다빈다 오흠오흠박박박 사바하

➜ 중생의 온갖 고난을 없애주는 이 진언을 받아 지니려면 행동과 말과 생각을 청정하게 해야 한다.

아미타불 진언

무량수여래 심주(無量壽如來心呪 : 아미타 부처님[5]의 핵심 진언. '아미타불 소주阿彌陀佛小呪'라고도 한다.)

옴[6] **아므리따 떼제 하라 훔**[7]

※ 기존 발음은
옴 아미리다 제체 하라 훔

아미타불 공양진언(阿彌陀佛供養眞言 : 아미타 부처님께 공양 올리는 진언)

**옴 싸르와 따타가따 바즈라
다르마누따라 뿌자 스파라나 싸마예 훔**

---

5) 아미타 부처님 : 극락세계의 부처님. 영원한 생명과 빛을 지니신 부처님이라는 뜻. '무량수불(無量壽佛)' 또는 '무량광불(無量光佛)' 이라고도 한다.
6) 옴 : 모든 법문을 가리키는 진언. 모든 다라니의 어머니라고도 한다. 귀의하며 공양한다는 뜻도 있다.

금강계[8] 아미타불 진언(金剛界阿彌陀佛眞言 : 아미타 부처님의 다른 이름인 관세자재왕여래觀世自在王如來께 귀의하는 진언. '흐리히'는 아미타 부처님을 상징하는 종자 진언)

옴 로께스와라 라자 흐리히

태장계[9] 아미타불 진언(胎藏界阿彌陀佛眞言 : 대일경大日經에 나오는 태장계 아미타불의 진언)

옴 쌈 싸하 쓰와하

무량수여래 근본다라니(無量壽如來根本陀羅尼 : 아미타 부처님께 귀의하며 모든 소원이 이루어지고 모든 악업과 번뇌가 사라지기를 기원하는 진언. '아미타여래 근본다라니'라고도 한다.)

---

7) 훔 : 회향 발원을 뜻하는 진언. '훔'을 외우거나 생각하여 관(觀) 함으로써 자신의 공덕으로 온누리의 고통 받는 중생들이 죄업을 없애고 극락세계에 가기를 발원한다.
8) 금강계 : 밀교에서 부처님의 금강석 같은 지혜를 나타내는 부문.
9) 태장계 : 밀교에서 중생이 아이를 가진 모태처럼 본래 가지고 있는 깨달음을 나타내는 부문.

나모 라뜨나뜨라야야 나마 아리야
아미따바야 따타가따야 아르하떼
싸먁쌈붓다야 따디야타 옴 아므리떼
아므리또 드바베 아므리따 쌈바베
아므리따 가르베 아므리따 씯데
아므리따 떼체 아므리따 비끄란떼
아므리따 비끄란따가미네
아므리따 가가나끼르띠까레
아므리따 둠두비 쓰와레
싸르와르타싸다네 싸르와까르마
끌레샤 크샤양까레 쓰와하

※ 기존 발음은
나모라 다나다라야야 나막 알야
아미다바야 다라아다야 알하제
삼먁삼못다야 다냐타 옴 아마리제
아마리도 나바폐 아마리다 삼바폐
아마리다 알폐 아마리다 싯제
아마리다 제체 아마리다 미가란제
아마리다 미가란다 아미니

아마리다 아아야 나비가례
아마리다 낭노비 사바례 살발타 사다니
살바갈마 가로삭사 염가례 사바하

무량수불설 왕생정토주(無量壽佛說往生淨土呪 : 모든 업장의 뿌리를 뽑고 극락세계에 가기를 기원하는 진언으로 '발일체업장근본득생정토다라니拔一切業障根本得生淨土陀羅尼'라고도 한다. 문상問喪을 할 때나 생물을 방생放生할 때에도 이 진언을 외운다.)

나모 아미따바야 따라가따야 따디야타
아므리또 드바베 아므리따 싣담바베
아므리따 비끄란떼 아므리따 비끄란따
가미네 가가나 끼르따까레 쓰와하

※ 기존 발음은
나무 아미다바야 다타가다야 다디야타
아미리도 바비 아미리다 싯담바비
아미리다 비가란제 아미리다 비가란다
가미니 가가나 깃다가례 사바하

제1부 • 부처님의 진언

결정왕생정토진언(決定往生淨土眞言 : 결정코 극락세계에 태어나기를 기원하는 진언)

나무 사만다 못다남 옴 아마리 다바베 사바하

개통도로진언(開通道路眞言 : 극락세계 가는 길을 열어주는 진언)

옴 소시디 가리 아바리다 모리다예 하나 하나 훔바탁

아미타불 본심미묘진언(阿彌陀佛本心微妙眞言 : 아미타 부처님 본심 속의 미묘한 가르침을 담은 진언. '아미타불 심주心呪'라고도 하며, 흔히 아미타불 정근을 할 때 외운다.)[10]

다냐타 옴 아리다라 사바하

---

10) "나무서방대교주 무량수여래불 〈나무아미타불(되풀이)〉"을 염불한 뒤 이 진언을 외운다.

아미타불 심중심주(阿彌陀佛心中心呪 : 아미타 부처님의 핵심 진언)

옴 노계새바라 라아 하릭

무량수불 진언(無量壽佛眞言 : 아미타 부처님의 핵심 진언)

옴 아미다바 하릭

무량수불 가지진언(無量壽佛加持眞言 : 아미타 부처님의 가피를 기원하는 진언)

옴 바즈라 다르마디스따 쓰와맘 흐리히

감로왕여래[11] **진언**(甘露王如來眞言)

나모 바아바제 아므리다 라아야
다타아다야

---

11) 감로왕여래 : 아미타 부처님의 다른 이름.

제1부 • 부처님의 진언

아미타불 종자진언(阿彌陀佛種子眞言 : 아미타 부처님의 종자진언인 '흐릭'[12]을 외우는 진언)

옴 바즈라 다르마 흐릭

➜ 만약에 어떤 사람이 이 진언을 외우면 모든 재난과 질병이 없어지고 목숨을 마친 뒤 극락세계에 상품上品으로 태어날 것이며, 그 밖에도 세간世間과 출세간出世間의 큰 소원을 바라는 대로 이룰 수 있을 것이다. - 대락금강불공진실삼매야경

불설대승성무량수결정광명왕여래다라니(佛說大乘聖無量壽決定光明王如來陀羅尼 : 아미타 부처님의 다라니. 나라를 위해 축원할 때 외우는 진언)

**나모 바아바제 아바리 미다 울야나
소미닐찌다 제오라아야 다타아다야**

---

12) 흐릭 : 아미타 부처님의 종자진언으로, '하릭' 또는 '흐리히' 라고 발음하는 경우도 있다.

라하제 사먁삼못다야 다냐타 옴 살바
싱까라 바리숫다 달마제 아아나 삼모
나아제 스바바바 미숫제 마하나야
바리바리 사바하

아미타불 화신진언(阿彌陀佛化身眞言 : 아미타 부처님 화신의 진언)

미가나 다구함
또는
아자라 가리마하 바라박하 호 훔훔훔
바닥
또는
아달 바아라 다로라아 다리로갸
가라노새 사가바라 가리따 미라비마제
가로나 릉가라 미가라훔

아미타 고음성왕다라니(阿彌陀鼓音聲王陀羅尼 : 아미타 부처님을 뵙기를 기원하는 다라니)

제1부 • 부처님의 진언

다냐타 바리 아바리 사마바리 니디사
니아다네 니무디 니무이 아라바라거다네
수거바제니디사 아미다유바리 아미다야
가바니아례 아미다야 바라사타네 나부제
아가사니부타 아가사니제사 아가사
니아제 아가사구사리 아가사달사니
아가사제타네 유바니제사 자타리달마
바라사타네 자타리아리야 사제야
바라사타네 자타리마가바나 바라사타네
바라비리야바라사타네 달마신타네
구사리 구사라니제사 구사라바라제타네
불타 구사리 비불타바라바사 달마가라네
니전제 니부제 비마리 비라사 라사 라사
라사기 라사가라바리 라사가라타디타네
구사리 바라제 구사리 비구사리 타제
수타다지제 수바라 사다인제 수바라
제티제 수리 수목기 달미 달달미 리바
자바리 아누사바리 불타가사니구네 불타
가사구네 사바하

➔ 이 다라니를 외울 때 술과 고기, 오신채13)를 먹지 않고 항상 청정한 수행을 하며 마음을 집중하여 극락세계에 가기를 발원하면 반드시 극락세계에 가게 될 것이다. - 아미타고음성왕다라니경

---

13) 오신채(五辛菜) : 파 · 마늘 · 달래 · 부추 · 흥거 등 냄새가 심한 다섯 가지 채소로, 수행자들이 먹는 것을 삼가는 채소.

대일여래 진언

대일여래[14] **오자진언**(大日如來五字眞言 : 만물의 구성 요소인 오대五大를 나타내는 진언)

아 바 라 하 카 [15]

태장계 대일여래 만족일체지 진언(胎藏界大日如來滿足一切智眞言 : 모든 지혜를 완성하는 진언. 밀교에서는 이 진언을 모든 부처님에게 공통되는 진언으로 삼는다. '옴 아 비 라 훔 캄'이라고도 한다.)

아 비 라 훔 캄 [16]

---

14) 대일여래 : 밀교의 본존불로서 '비로자나 부처님' 또는 '법신불(法身佛)'이라고도 한다.
15) '아'는 생명, '바'는 물, '라'는 불, '하'는 바람, '카'는 허공을 가리킨다.
16) '아, 비, 라, 훔, 캄'은 대일여래의 깨달음을 상징함과 아울러 땅, 물, 불, 바람, 허공을 가리킨다.

또는
나마 싸만따 붓다남 아 비 라 훔 캄

금강계 대일여래 진언(金剛界大日如來眞言 : 금강계의 대일여래께 귀의하는 진언으로 밀교에서 늘 쓰는 진언. '비로자나불 진언'이라고도 함. '밤'은 대일여래를 상징하는 종자진언)

옴 바즈라 다뚜 밤

태장계 대일여래 진언(胎藏界大日如來眞言 : 태장계의 대일여래께 귀의하는 진언)

나마 싸르와 따타가떼비요
비스와무케비야하 싸르와타
아 아 암 아하

광박신여래[17] 진언(廣博身如來眞言 : 광박신여래 즉 대일여래의 진언)

**나모 바아바제 미바라아다라야
다타아다야**

비로자나 법신진언(毘盧遮那法身眞言 : 비로자나 부처님의 법신을 나타내는 진언)

옴 아비라 훔 캄 사바하

---

17) 광박신여래 : 대일여래의 다른 이름으로서, 몸이 광대하고 법계의 모든 것을 다 갖추었다 하여 이렇게 일컫는다.

아촉불 진언

아촉불[18] **진언**(阿閦佛眞言 : 금강계 만다라 오불五佛 중의 한 분인 동방정토 아촉 부처님께 귀의하는 진언)

옴 악소비야 훔

아촉불 종자진언(阿閦佛種子眞言 : 금강석 같은 지혜를 지니신 아촉 부처님께 귀의하는 진언. '훔'은 아촉 부처님을 상징하는 종자)

옴 바즈라 즈냐남 훔

---

18) 아촉불 : 동방정토 묘희세계(妙喜世界)의 악소비야 부처님. '성내지 않는 부처님'이라는 뜻으로, '부동불(不動佛)'이라고도 한다.

아촉불 공양진언(阿閦佛供養眞言 : 아촉 부처님께 공양 올리는 진언)

옴 싸르와 따타가따 바즈라
싸뜨와누따라 뿌자 스파라나 싸마예 훔

아촉불 가지진언(阿閦佛加持眞言 : 아촉 부처님의 가피를 기원하는 진언)

옴 바즈라 싸뜨와디스따 쓰와맘 훔

아촉불 화신진언(阿閦佛化身眞言 : 아촉 부처님 화신의 진언)

옴 바아라 가로다 훔훔훔 바닥 바닥 바닥 염만다구 함
또는
옴 니라바아라 나나훔
또는
옴 오아라 슈라야 맘
또는
옴 나모삼만다 가바가지 다바아라남 옴 슈례몌 훔 사바하

묘색신여래 진언(妙色身如來眞言 : 아촉 부처님의 다른 이름인 묘색신여래께 귀의하는 진언)

나모 바아바제 소로바야 다타아다야

제1부 • 부처님의 진언

보생불 진언

보생여래[19] **종자진언**(寶生如來種子眞言 : 금강계 만다라 오불五佛 중의 한 분인 남방정토 보생 부처님께 귀의하는 진언. '뜨라하'는 보생 부처님을 상징하는 종자 진언.)

옴 라뜨나 쌈바바 뜨라하

보생불 가지진언(寶生佛加持眞言 : 보생 부처님의 가피를 기원하는 진언)

옴 바즈라 라뜨나디스따 쓰와맘 뜨라하

---

19) 보생여래 : 남방정토의 라뜨나쌈바바 부처님. 보당불(寶幢佛) 또는 보상불(寶相佛)이라고도 한다. '마니보주로 모든 중생의 소원을 채워주시는 부처님'이라는 뜻.

보생여래 화신진언(寶生如來化身眞言 : 보생 부처님 화신의 진언)

바나마 다구함

보생여래 공양진언(寶生如來供養眞言 : 모든 부처님과 보생 부처님께 공양을 올리는 진언)

옴 싸르와 따타가따 바즈라 라뜨나
아누따라 뿌자 쓰파라나 싸마예 훔

제1부 • 부처님의 진언

불공성취불 진언

불공성취여래[20] 진언(不空成就如來眞言 : 금강계 만다라 오불五佛 중의 한 분인 북방정토 불공성취 부처님께 귀의하는 진언. '아하'는 불공성취 부처님을 상징하는 종자진언)

옴 아모가 씻데 아하

불공성취불 가지진언(不空成就佛加持眞言 : 불공성취 부처님의 가피를 기원하는 진언)

옴 바즈라 까르마디스따 쓰와맘 아하

---

20) 불공성취여래 : 북방 정토의 아모가씻디 부처님. 모든 부처님과 중생의 일이 이루어지게 하는 부처님이라는 뜻. 밀교에서는 수행자가 이 부처님의 가피로 모든 불사와 중생의 일을 완성할 수 있고 모든 번뇌로부터 벗어날 수 있다고 한다.

이포외여래 진언(離怖畏如來眞言 : 불공성취 부처님의 다른 이름인 이포외여래께 귀의하는 진언)

나모 바아바제 아배잉가라야 다타아다야

불공여래 화신진언(不空如來化身眞言 : 불공성취 부처님의 화신 진언)

옴 닥기훔약

불공성취여래 공양진언(不空成就如來供養眞言 : 불공성취 부처님께 공양을 올리는 진언)

**옴 싸르와 따타가따 바즈라 까르마
아누따라 뿌자 쓰파라나 싸마예 훔**

약사여래 진언

약사여래[21] **대진언**(藥師如來大眞言 : 약사여래께 귀의하며 공양하는 진언. 모든 중생의 고통을 없애 주는 진언이라 하여 '멸제일체중생고뇌주滅除一切衆生苦惱呪'라고도 한다.)

나모 바가바떼 바이사지야 구루
바이두리야 쁘라바 라자야 따타가따야
아르하떼 싸먁쌈보다야 따디야타
옴 바이사지예 바이사지예 바이사지야
싸무드가떼 쓰와하

---

21) 약사여래 : 동방 정유리세계의 부처님으로서 온전한 이름은 '바이사지야 구루 바이두리야 쁘라바라자(약사유리광여래)'. 이 부처님은 중생의 병고를 없애주시고 삼계의 어둠을 밝혀주시기에 '약사유리광' 이라는 이름을 갖게 되었다.

약사여래 소진언(藥師如來小眞言 : 흔히 약사여래 정근을 할 때 이 진언을 외운다.) [22]

나마 싸만따 붓다남 옴 후루후루 짠다리 마땅기 쓰와하

※ 기존 발음은
옴 후루후루 찬다리 마통기 사바하

칠불약사 진언(七佛藥師眞言 : 과거의 일곱 분 부처님과 약사여래의 진언)

타댜타 쿠마쿠마 에니메니히 마티마티
싯다 타타가타 사마티안 테스티테
안테만테 파레 파파소타니 사르바
프라파다사야 붓데붓도 우타메 우메쿠메
분다 키트라 파리사다니 담메니담메
메루메루 메루치가레 사르바하라 므르투
니프라니 붓데수붓데 붓다아테 소다데다

---

22) "나무 동방 만월세계 십이상원 〈약사여래불(되풀이)〉"을 염불한 뒤 이 진언을 외운다.

락사투메 마르반데바 사메아사메
사만타함람투메 사르바붓다 보디사트바
삼메삼메 프라삼맘투메 사르바
이티우파다바 사르바 비하다이야 사르바
사트바남 차두람니 두람니 두람야메
사르바 아소 베루리야 프라티바세
사르바 파파 차유카레 스바하

일체제불 진언

일체제불 진언(一切諸佛眞言 : 온 법계의 모든 부처님께 귀의하는 진언 - 대일경)

나마 싸만따 붓다남 싸르와타 비마띠
비끼라나 다르마다뚜 니르자따 쌈쌈 하
쓰와하

제불보살심 진언(諸佛菩薩心眞言 : 모든 부처님과 보살님들의 마음 즉 진리의 세계에 들어가 그분들께 공양하고자 발원하는 진언)

나마 싸만따 붓다남 싸르와붓다
보디쌋뜨와 흐리다야 니야베사니 나마
싸르와 비데 쓰와하

여래심진언(如來心眞言 : 모든 부처님의 마음 즉 진리의 세계에 들어가 지혜를 이루고자 발원하는 진언)

나마 싸만따 붓다남 즈냐누드바바 쓰와하

여래정진언(如來頂眞言 : '불정진언佛頂眞言'이라고도 한다. 앞의 '훔'은 부처님의 수행, 뒤의 '훔'은 그 결과인 성불을 나타낸다.)

나마 싸만따 붓다남 훔 훔

법신진언(法身眞言 : 부처님의 법신[23]을 찬탄하는 진언. '오륜종자五輪種子'라고도 한다.)

암밤람함캄

---

23) 법신 : 부처님의 본질인 진리 자체.

보신진언(報身眞言 : 부처님의 보신[24])을 찬탄하는 진언)

아바라하카

화신진언(化身眞言 : 부처님의 화신[25])을 찬탄하는 진언)

아라바자나

불안불모진언(佛眼佛母眞言 : 모든 부처님을 낳는 반야지혜를 찬탄하는 진언)

나모 바가바뜨 우스니사 옴 루루 스푸루 즈왈라 띠스타 씻다 로짜니 사르와르타 싸다네 쓰와하

---

24) 보신 : 오랜 수행의 결과로 얻은 부처님의 몸.
25) 화신 : 중생을 교화하기 위해 중생의 세계에 나타나신 부처님의 몸.

다보여래[26] 진언(多寶如來眞言 : 다보 부처님의 진언)

나모 바아바제 바라보다 아라다나
다타아다야

치성광불정진언(熾盛光佛頂眞言 : 모든 업장을 불태워버리는 광명을 정수리에서 방광放光하시는 부처님께 귀의하며 재난이 사라지고 행복을 얻기를 기원하는 진언)

나마 싸만따 붓다남 아쁘라띠하따
사싸나남 옴 카카카히카히 훔훔 즈왈라
즈왈라 쁘라즈왈라 쁘라즈왈라 띠스타
띠스타 스티리 스파뜨 스파뜨 산띠까
스리예 쓰와하

---

26) 다보여래 : 과거세의 부처님으로서 묘법연화경(妙法蓮華經)의 진실을 증명하시는 분. 묘법연화경 견보탑품(見寶塔品)에 나온다.

제2부
보살의 진언

관세음보살 진언
지장보살 진언
문수보살 진언
보현보살 진언
미륵보살 진언
그 밖의 보살 진언

제2부 보살의 진언

관세음보살 진언

관세음보살 멸업장진언(觀世音菩薩滅業障眞言 : 관세음보살[27])께서 업장을 없애 주시는 진언. '성관자재보살진언聖觀自在菩薩眞言'이라고도 한다. 흔히 관음정근을 할 때 이 진언을 외운다.)[28]

옴 알로리까 쓰와하
※ 기존 발음은
옴 아로륵계 사바하
또는
옴 아로늑계 사바하

---

27) 관세음보살 : 원이름은 아발로끼떼스와라 보살. 이미 무량겁(無量劫) 전에 성불하고도 중생을 제도하기 위해 보살로서 모든 곳 모든 때에 온갖 모습을 나타내시는 분이다. 중생의 소리를 관조하고 중생과 고통을 함께 하는 자비를 실천하신다.
28) "나무 보문시현 원력홍심 대자대비 구고구난 〈관세음보살(되풀이)〉"을 염불한 뒤 외운다.

관세음보살 본심미묘육자대명왕진언(觀世音菩薩本心微妙六字大明王眞言 : 관세음보살의 미묘한 본심을 나타내는 여섯 자 진언으로, 관세음보살의 원력으로 극락세계에 가고자 발원하는 진언. 여의보주如意寶珠를 지닌 연꽃에 비유되는 여의륜관세음보살의 진언이기도 하다.)

옴 마니 빳메 훔
또는
옴 마니 빠드메 훔
※ 기존 발음은
옴 마니 반메 훔

→ 부처님께서 제개장보살에게 말씀하셨다.
"이 육자대명왕진언은 관자재보살마하살(=관세음보살)의 미묘한 본심이다. 만약 이 미묘한 본심 육자대명왕진언을 안다면 그것은 곧 해탈을 아는 것이다."
"만일 이 육자대명왕진언을 받아 지니는 이가 이 진언을 외우면 갠지스강 모래처럼 헤아릴 수

제2부 • 보살의 진언

없이 많은 부처님이 그 사람이 있는 자리에 모이시게 될 것이다. 그리고 먼지처럼 무수한 보살들이 모이고, 무수한 천신들이 모이고, 사천왕이 사방에서 그 사람을 호위할 것이다."

"만일 신심이 좋은 남자나 여인이 부처님의 가르침에 따라 이 육자대명왕진언을 외우면 더없는 말솜씨를 얻게 되고 청정한 지혜와 큰 자비심을 얻게 될 것이다. 이들은 나날이 육바라밀을 갖추게 되고 원만한 공덕을 얻게 될 것이다. 그리고 이들의 입에서 나오는 기운이 다른 사람의 몸에 닿으면 그 사람은 자비심이 생기게 되어 모든 분노의 독을 버리고 물러나지 않는 보살이 되어 더없이 바르고 넓은 깨달음을 빨리 얻게 될 것이다." - 대승장엄보왕경

단 한 번 외울지라도 그 공덕이 한 생명을 놓아주는 방생의 공덕과 같이 뛰어나다. 더욱이 삼밀(三密 : 손으로는 금강지권인을 맺고 입으로는 육자진언을 외우며 마음으로는 육자진언을 관하는 수행)로써 마음을 모아 한 번 외우면 세 갈래 나

쁜 세계(지옥, 아귀, 축생)에 떨어지지 않게 된다.

그리고 날마다 이 진언을 간직하고 쉬지 않고 외우면 지혜가 밝아지고 목소리가 맑아지며, 모든 법문에 통달하게 되며, 어떠한 질병도 목숨을 해치지 못하며, 놀라거나 두려운 생각이 나지 않으며, 비명횡사하지 않으며, 모든 일이 뜻대로 잘 되며, 모든 죄업이 사라지게 되며, 모든 악마가 침노하지 못하며, 복이 점점 자라 옷과 음식이 풍족해지며, 세세생생 나쁜 세계에 떨어지지 않게 된다. - 관세음보살육자대명왕신주경

관세음보살 본심미묘육자대명왕진언을 마음 모아 외우면 현세에서 스무 가지 공덕을 얻을 수 있다.

1) 몸에 병이 없어지고 안락하게 된다.
2) 전생에 지은 업 때문에 깊은 병이 있다 해도 빨리 낫게 된다.
3) 피부가 윤택해지고 얼굴이 맑아진다.
4) 모든 사람이 사랑하고 존경하게 된다.
5) 신체장애가 없이 온전한 몸을 갖게 된다.

6) 재물을 많이 얻게 되어 뜻대로 쓸 수 있게 된다.
7) 통치자나 도적, 수재, 화재의 피해를 입지 않게 된다.
8) 사업을 하면 이루게 된다.
9) 농사를 지을 때 서리, 우박, 비, 바람의 피해를 입지 않게 된다.
10) 농사를 지을 때 갑작스런 재난을 입지 않게 된다.
11) 귀신이나 나찰 등이 정기를 뺏지 못한다.
12) 모든 중생이 기뻐하며 사랑하고 존중하게 된다.
13) 모든 원수에 대하여 두려움이 없어진다.
14) 설혹 원수가 있다 해도 저절로 없어지게 된다.
15) 사람이나 사람 아닌 것들로부터 피해를 보지 않게 된다.
16) 남의 저주를 받거나 독충의 피해를 보는 일이 없게 된다.

17) 번뇌에 물드는 일이 없게 된다.
18) 칼, 독약, 수재, 화재로 다치는 일이 없게 된다.
19) 모든 천신들의 호위를 받게 된다.
20) 세세생생 자비심과 남의 공덕을 기뻐하는 마음과 모든 중생을 평등하게 여기는 마음이 떠나지 않고 깨달음을 얻게 된다.

- 불공견삭신주심경

제2부 • 보살의 진언

관자재보살 여의륜주(觀自在菩薩如意輪呪 : 관세음보살께서 가율사산에서 중생의 소원을 이루기 위하여 말씀하신 진언으로, 절에서 아침에 외우는 사대주四大呪의 하나)

나모 붓다야 나모 다르마야 나모 씽가야
나모 아리야 아발로끼떼 쓰와라야
보디쌋타야 마하쌋타야 싸까라
마하까루니까야 흐리따야 만뜨라
따디야타 까까나 쁘라디 찐따마니
마하모뜨레 로루로루 디스따 흐리따야
비사예 옴 보다나 보다니 얏담

※ 기존 발음은

나모 못다야 나모 달마야 나모 승가야
나무 아리야 바로기제 사라야
모지사다야 마하사다야 사가라 마하가로
니가야 하리다야 만다라 다냐타 가가나
바라지진다 마니 마하무다레 루로루로
지따 하리다예 비사예 옴 부다나 부다니
야등

➜ 이 진언은 이름 그대로 중생의 뜻대로 무엇이든지 다 주는 진언이다. 이 진언은 이레 동안 아침, 점심, 해질녘, 초저녁, 밤중, 새벽 등 여섯 때에 108번씩 외우는 것이 좋다.
- 관자재보살여의륜다라니경

발심發心하여 현생에 과보가 나타나기를 바라는 이는 일심으로 이 진언을 받아 지녀야 한다. 이 진언을 받아 지닐 때는 해나 달, 별의 길흉을 가리거나 목욕재계를 하지 않아도 되며, 다만 마음을 잘 거두어 부지런히 외우면 바라는 것을 모두 이루게 될 것이다. - 불설관자재보살여의심다라니주경

이 진언을 외우는 사람은 특별히 좋은 날을 받거나 음식을 가려먹거나 목욕을 하는 등의 준비를 하지 않아도 된다. 다만 온 마음을 집중하여 부지런히 외워야 한다. 그러면 모든 죄업이 사라지고 온갖 소원이 이루어지며 병과 악마의 침해를 받지 않게 된다. 매일 108번씩 외우면 관세음보살께서 도와주시며 아미타부처님과 극락세계도 볼 수 있다. - 불설 관자재보살 여의심다라니주경

제2부 • 보살의 진언

이 진언은 중생의 죄업을 씻어 주고 온갖 병을 고쳐 주는 신통한 힘이 있다. 또 이 진언을 외우면 재물과 복덕, 지혜를 얻을 수 있으며 사람들의 존경과 사랑을 받게 된다.
- 관세음보살비밀장 여의륜다라니신주경

관세음보살 모다라니(觀世音菩薩姥陀羅尼 : 관세음보살께서 말세의 고통 받는 중생을 위해 말씀하신 진언으로, 절에서 아침에 외우는 사대주의 하나)

나모 라뜨나 뜨라야야 나마 아리야
아발로끼떼 스와라야 보디싸뜨와야
마하싸뜨와야 마하까루 니까야 따디야타
아바다 아바다 빠리바떼 인헤헤
따디야타 싸르바다라니 만달라야 인헤헤
쁘라마 수다보따야 옴 싸르바짜소가라야
다라니 인디리야 따디야타 발로끼떼
스와라야 싸르바 뚜스따 오하야미
쓰와하

※ 기존 발음은

나모라 다나다라야야 나막 아리야
바로기제 새바라야 모지사다바야
마하사다바야 마하가로 니가야 다냐타
아바다 아바다 바리바제 인혜혜 다냐타
살바다라니 만다라야 인혜혜 바라마수다
못다야 옴 살바작수가야 다라니
인지리야 다냐타 바로기제 새바라야
살바도따 오하야미 사바하

→ 만약 신심이 좋은 남자나 여인이 이 비밀하고 신비한 진언을 잠깐이라도 귀기울여 들으면 몸에 있는 백천만 가지 죄가 다 없어지리라. 이 다라니는 십악업十惡業과 오역죄五逆罪를 없애 주며, 가이없는 큰 죄를 저질러 자기 몸에 죄가 있음에도 깨닫지 못하여 하늘이 용인하지 아니하고 땅이 실어주지 아니할 죄업으로 천 분의 부처님께서 세상에 나오셔도 참회할 곳이 없는 사람의 죄업조차 없애 준다.

만약 자애롭고 순한 남자나 여인이 부모의 깊은 은혜를 갚고자 이 불정심다라니경의 진언 글귀를 보고 사람을 청하여 써서 지니고 읽고 외우기를 날마다 아침에 부처님을 향하여 향을 피우고 이 다라니경을 외우면 이러한 사람은 마침내 지옥에 떨어져 죄를 받지 아니하며, 백년이 되어 목숨을 마칠 때에도 마음이 흐트러지지 않아서 시방十方의 거룩한 보살들을 뵙게 될 것이다. 이때 보살들은 저마다 연화대蓮花臺와 깃발과 수레바퀴 같은 양산을 가져와 그 광명이 집에 가득할 것이다. 그리고 보살들이 이 사람을 맞이하여 정토(淨土 : 극락)로 이끌 것이다.

또 믿음이 좋은 남자와 여인이 만약에 이 불정심자재왕다라니경을 보고 듣고 베껴 쓰고 읽고 외우면 그 사람의 모든 번뇌가 앞길을 막는 일이 없을 것이다. 또 혹시 재산이 흩어지거나 구설(口說 : 남들의 입에 오르내림)이 다투어 일어나거나 집안이 편안하지 아니하거나 혹은 다섯 가지 길이 막혀 괴이한 악몽을 많이 꾸거나 질병이 몸에 붙어 어찌할 줄을 모르겠거든, 오로지 아침마다 이 다라니를 존중하는 마음을 내어 공양하며 외우도록 하라. 그러면 항상 관세음보살의 가이없는 위신력과 금강밀적(金剛密迹 : 금강역사)이 밤낮으로 이 사람을 둘러싸고 지켜 줄 것이며 모든 소원이 다 이루어지게 될 것이다.

  또 만약 믿음이 좋은 남자나 여인이 온갖 소원을 구하거나 모든 것을 환히 아는 지혜(일체종지)를 이루고자 하면, 반드시 고요한 곳에 홀로 앉아 눈을 감고 관세음보살을 마음에 생각하되 다른 데 마음 쓰지 말고 이 다라니경을 일곱 번 외우라. 그러면 소원을 이루지 못할 게 없으며, 또 모든 사람의 사랑을 얻게 되며, 모든 나쁜 세계에 떨어지지 않게 될 것이다.

- 불정심관세음보살모다라니경

제2부 • 보살의 진언

준제진언(准提眞言 : 준제관세음보살[29])께서 죄업을 없애고 소원을 이루어 주시는 진언으로, '칠구지불모 신주七俱胝佛母神呪'라고도 한다.)

**나마 쌉따남 싸먁쌈붓다 꼬띠남
따디야타 옴 짤레 쭐레 쭌디 쓰와하 부림**

※ 기존 발음은

**나모 사다남 삼먁삼못다 구치남 다냐타
옴 자례주례 준제 사바하 부림**

➜ 이 진언을 많이 외우면 과거에 지은 모든 죄업이 사라지고 항상 부처님을 만날 수 있다. 그리고 계율을 잘 지키게 되어 지옥과 같은 나쁜 세계에 떨어지지 않고 인간세상이나 천상에서 복을 누리게 된다. 재가불자들이 이 진언을 외우면 그 집안이 재난이나 병고의 피해를 당하지 않으며, 모든 일이 방해받지 않으며, 다른 사람에게 무슨

---

29) 준제관세음보살 : 6관음의 한 분으로서 인간을 구제하는 것을 주로 하는 관세음보살의 화신. 준제보살(범어 원음은 '쭌디'로, 청정하다는 뜻) 또는 '칠구지불모'라고도 한다. 부처님의 가르침과 중생의 생명을 수호하시는 보살이다.

말을 하면 모두 믿고 받아들일 것이다.
- 불설칠구지불모심준제다라니경

준제진언을 외우고 지니면 모든 중생이 재앙과 기근과 도적과 전쟁과 야차(귀신)의 재난이 사라진다. 또 복덕과 수명이 더욱 더하고 모든 소원을 이루며 좋은 인연을 다 이루게 된다.

준제진언을 불 밝히는 곳이나 탑이나 문 위나 나무 위나 그릇소리 나는 그릇이나 법고法鼓나 인경, 경쇠 등 모든 소리 나는 것에 이 진언을 쓰면, 중생이 비록 가지가지 무거운 죄를 지어 지옥에 떨어졌더라도 거기서 비치는 빛과 울려나는 소리를 보고 들어 부처님 나라에 나게 된다. 하물며 스스로 읽고 외우면 어떠하겠는가. - 최승총지경

남자나 여인이 그지없는 악업과 무거운 죄업을 지어 세 가지 나쁜 세계(지옥, 아귀, 축생)에 떨어졌거든 이 준제진언을 외우는 사람이 그 죽은 이의 이름을 불러, 들으라 하고 정성껏 읽거나 외우면 즉시 나쁜 세계에서 벗어나 천상에 나게 된다. 또 이 진언을 연꽃에 써서 죽은 이의 시신 위에나

제2부 • 보살의 진언

묘 위에 놓아 두면 즉시 부처님 나라에 가게 된다. - 무구인과경

관자재보살 수심주(觀自在菩薩隨心呪 : 관세음보살의 자비로 중생이 마음대로 원하는 것을 마음대로 이루게 하는 진언. 모든 죄업을 없애는 진언이라 하여 '멸죄청정주滅罪淸淨呪'라고도 한다.)

나모 라다나다라야야 나모 아리야
바로기제 새바라야 모디사다야
마하사다야 마하가로니가야 다냐타 옴
다리다리 도다리 도도다리 도리 사바하

➜ 이 진언을 받아 지니면 나쁜 장애와 두려움에서 벗어나고 원한이 다 그치며, 마음대로 원하는 모든 선한 일이 다 이루어지게 된다.
- 관자재보살수심주경

관세음보살 참회주(觀世音菩薩懺悔呪 : 관세음보살 앞에서 자기의 죄를 참회하며 외우는 진언)

나모 라다나다라야야 나마 아리야
바로기제 새바라야 모디사다바야
마하사다바야 마하가로니가야 다냐타
도로도로 아세마세마세 마하마리니
두바마리니 두비두비나 마나마 사바하

신묘장구대다라니(神妙章句大陀羅尼 : 관세음보살께서 보타락가산에서 말씀하신 진언으로 천수경에도 실려 있는 '천수천안관자재보살 광대원만무애대비심 대다라니'. 천 개의 손과 천 개의 눈을 가지고 계신 관세음보살의 넓고 원만하고 걸림 없는 큰 자비심을 지닌 진언. '대비주大悲呪'라고도 한다. 천수경의 신묘장구대다라니에는 맨 마지막 줄이 없다.)

나모 라뜨나 뜨라야야
나마 아리야발로끼떼 스와라야
보디싸뜨와야 마하싸뜨와야 마하
까루니까야 옴 싸르와 바예수 뜨라나
까라야 따쓰마이 나마하 끄리뜨와 이맘
아리야발로끼떼 스와라뜨와 닐라깐타
나마 흐리다얌 아바르따 이시야미
싸르와르타 싸다낭 수밤 아제양 싸르와
부따남 바바마르가 비숟다깜 따디야타
옴 알로께 알로까마띠 로까띠 끄란떼
헤 헤 하레 마하보디싸뜨와 쓰마라
쓰마라 흐리다양 꾸루 꾸루 까르망
싸다야 싸다야 두루 두루 비자얀떼
마하비자얀떼 다라 다라 다렌드레스와라
짤라 짤라 말라비말라 아말라 묵떼
에히에히 로께스와라 라가 비상
비나사야 드웨사 비상 비나사야
모하짤라 비상 비나사야 훌루 훌루 말라
훌루 훌루 하레 빠드마 나바 싸라 싸라

씨리 씨리 쓰루 쓰루 부디야 부디야
보다야 보다야 마이뜨레야 닐라깐타
까마씨야 다르샤남 쁘라흐라다야
마나하 쓰와하 씻다야 쓰와하
마하씻다야 쓰와하 씻다요게스와라야
쓰와하 닐라깐타야 쓰와하 바라하무카
씽하무카야 쓰와하 빠드마 하쓰따야
쓰와하 짜끄라 육따야 쓰와하
상카샵다니보다나야 쓰와하 마하라꾸따
다라야 쓰와하 바마쓰깐다 디사스티따
끄리스나 지나야 쓰와하 비야그라
짜르마 니바싸나야 쓰와하
나모 라뜨나 뜨라야야 나마 아리야
발로끼떼스와라야 쓰와하
(옴 씨디얀뚜 만뜨라 빠다야 쓰와하)
※ 기존 발음은
나모라 다나다라 야야 나막알약
바로기제 새바라야 모지사다바야
마하사다바야 마하가로 니가야 옴 살바

바예수 다라나 가라야 다사명 나막
가리다바 이맘알야 바로기제 새바라
다바 니라간타 나막 하리나야 마발다
이사미 살발타 사다남 수반 아예염 살바
보다남 바바마라 미수다감 다냐타 옴
아로계 아로가 마지로가 지가란제
혜혜하례 마하모지 사다바 사마라
사마라 하리나야 구로구로 갈마 사다야
사다야 도로도로 미연제 마하 미연제
다라다라 다린나례 새바라 자라자라
마라 미마라 아마라 몰제 예혜혜 로계
새바라 라아 미사미 나사야 나베
사미사미 나사야 모하자라 미사미
나사야 호로호로 마라호로 하례 바나마
나바 사라사라 시리시리 소로소로
못쟈못쟈 모다야 모다야 매다리야
니라간타 가마사 날사남 바라 하라나야
마낙 사바하 싯다야 사바하 마하 싯다야
사바하 싯다유예 새바라야 사바하

니라간타야 사바하 바라하 목카싱하
목카야 사바하 바나마 하따야 사바하
자가라 욕다야 사바하 상카섭나녜
모다나야 사바하 마하라 구타다라야
사바하 바마사간타 이사시쳬다 가릿나
이나야 사바하 먀가라 잘마 이바 사나야
사바하
『나모라 다나다라 야야 나막알야
바로기제 새바라야 사바하』(3번)

→ 이 진언을 외우고자 하면 먼저 모든 중생에 대하여 자비심을 일으켜야 하며, 관세음보살을 따라 발원해야 합니다. (천수경의 발원을) 발원한 다음에는 지극한 마음으로 관세음보살의 이름을 부르고 아미타 부처님을 오로지 생각해야 합니다. 그 다음 하룻밤에 이 진언을 다섯 번 외우면 백천만억겁 동안 나고 죽으며 지은 무거운 죄업이 사라집니다.

이 진언을 지니고 외우는 이는 목숨을 마칠 때

에 시방의 모든 부처님들이 오셔서 손을 잡아 주시어 어떤 부처님 나라든지 그가 바라는 대로 갈 수 있게 하실 것입니다.

이 진언을 외우는 이가 만일 현재의 생에서 모든 소원을 끝내 이루지 못한다면 내가 말한 이 진언은 거짓이며, 대자비심의 다라니가 될 수 없을 것입니다. 다만 선하지 못한 의도로 진언을 외우거나 정성스럽지 못하거나 의심을 품는 경우는 제외합니다.

이 진언을 외우는 이는 굶주리고 빈곤하여 죽는 일이 없으며, 감옥에 갇혀 맞아 죽지 않으며, 원수에게 복수를 당해 죽지 않으며, 전쟁터에서 죽지 않으며, 맹수에게 죽지 않으며, 독사나 지네 전갈 따위에 물려 죽지 않으며, 물에 빠지거나 불에 타 죽지 않으며, 독약에 중독되어 죽지 않으며, 독충 때문에 죽지 않으며, 미쳐서 실성하여 죽지 않으며, 산이나 나무나 낭떠러지에서 떨어져 죽지 않으며, 나쁜 사람의 손에 죽지 않으며, 악귀에게 죽지 않으며, 나쁜 병에 걸려 죽지 않으며, 슬픔과 분노로 자해하여 죽지 않습니다.

또 이 진언을 외우는 이는 날 적마다 늘 좋은 통치자를 만나게 되며, 늘 좋은 나라에 태어나게 되며, 늘 좋은 시대를 만나게 되며, 늘 좋은 친구를 만나게 되며, 몸의 기관이 늘 온전하며, 깨달음을 추구하는 마음이 순수하고 깊으며, 계율을 어기지 않으며, 가족이 서로 사랑하고 의롭고 화합하며, 재물과 음식이 늘 풍족하며, 늘 다른 사람들의 공경과 도움을 받게 되며, 가지고 있는 재물을 남에게 뺏기지 않으며, 하고 싶은 일과 소원이 모두 이루어지며, 용과 하늘과 선한 신들이 늘 호위하며, 나는 곳마다 부처님을 뵙고 가르침을 들으며, 바른 가르침을 들으면 그 깊은 뜻을 잘 깨닫게 됩니다.

믿음이 좋은 남녀가 이 진언을 지니고 외우고자 하면 넓고 큰 보리심을 내고 모든 중생을 제도하겠다는 서원을 세워야 합니다. 그리고 몸으로는 재계를 잘 지키고 모든 중생을 평등하게 여기는 마음을 일으키고 이 진언을 끊임없이 외워야

제2부 • 보살의 진언

합니다.

 또 진언을 외우기 전에 깨끗한 방에서 깨끗하게 목욕하고 깨끗한 옷을 입어야 합니다. 그리고는 부처님전에 깃발을 달고 등을 켠 뒤 향과 꽃과 온갖 음식을 공양 올리며 다른 생각을 하지 말고 마음을 한데 모아 법답게 진언을 외워야 합니다.

 그러면 월광보살과 일광보살께서 수없이 많은 선한 신들과 함께 와서 증명을 하시어 그 효험을 더하게 해 주실 것입니다. 그리고 나(관세음보살)도 천 개의 눈으로 비추어 보고 천 개의 손으로 그를 지켜 줄 것입니다.

 이 진언을 외우면 부처님의 가르침뿐만 아니라 세상 모든 학문도 통달할 수 있으며 팔만사천 가지 병을 고칠 수 있으며 모든 악마와 외도를 제압할 수 있습니다.

 또 여인이 출산에 어려움을 겪을 때 지성으로 이 진언을 외우면 마장魔障이 사라지고 편안하게 아이를 낳을 수 있습니다.

 삼천대천세계의 어두운 곳 세 가지 나쁜 세계

(지옥, 아귀, 축생)에 빠진 중생들도 이 진언을 들으면 모두 괴로움에서 벗어나게 됩니다.

만일 21일 동안 청정하게 계율을 지키며 이 진언을 외우면 반드시 현세의 소원을 이룰 것이며 생사生死의 끝에서 생사의 끝까지 지어온 모든 악업이 다 사라질 것입니다.

또 만일 집안에 큰 질병과 온갖 괴이한 일이 다투어 일어나고 귀신과 악마가 집안을 어지럽히며 나쁜 사람이 말을 지어내 해코지하며 집안의 어른 아이와 부부가 불화할 때, 천수천안 관세음보살상 앞에 단을 설치하고 지극한 마음으로 관세음보살을 생각하며 이 진언을 천 번 외우면, 위와 같은 나쁜 일들이 모두 사라지고 영원히 편안해질 것입니다.

- 천수천안관세음보살광대원만무애대비심다라니경

제2부 • 보살의 진언

성관자재보살[30] **진언**(聖觀自在菩薩眞言 : 연꽃이 진흙탕에 물들지 않는 것처럼 모든 것에 집착하지 않는 것을 삼매로 하는 성관자재보살께 귀의하는 진언)

옴 알로리까 쓰와하
※ 기존 발음은
옴 아로륵계 사바하
또는
나마 사만따 붓다남 싸르와따타가따
아발로끼따 까루나 마야 라라라 훔 자하

천수관음[31] **진언**(千手觀音眞言 : 천수천안관세음보살께 귀의하는 진언. '천수관음 소주小呪'라고도 한다.)

옴 바즈라 다르마 흐리히

---

30) 성관자재보살 : 관세음보살의 화신 중 아귀를 교화하시는 화신.

마두관음[32] **진언**(馬頭觀音眞言 : 깨달음을 막는 모든 것을 먹어버리는 마두관음보살께 귀의하는 진언)

나마 싸만따붓다남 카다야 방자
쓰파띠야 쓰와하

또는

옴 아므리또드바바 훔파뜨 쓰와하

십일면관음[33] **진언**(十一面觀音眞言 : 대자대비하신 십일면관세음보살께 귀의하는 진언. '십일면관세음보살 수원즉득다라니隨願卽得陀羅尼'라고도 한다.)

옴 마하 까루니까 쓰와하

---

31) 천수관음 : 천수천안관세음보살.
32) 마두관음 : 6관음의 한 분으로서, 축생을 교화하시는 관세음보살의 화신. 정수리에 말 머리를 하고 분노하는 모양을 나타내고 있다.
33) 십일면관음 : 6관음의 한 분으로서 아수라를 교화하시는 관세음보살의 화신. 열한 개의 얼굴을 가지고 있다 하여 '십일면관음'이라 부른다.

→ 이 진언을 외우면 모든 병고를 물리치고 모든 악업과 번뇌가 사라지며 몸과 입과 마음으로 짓는 업이 모두 청정해져서 온갖 어려운 일을 다 이루어 낼 수 있을 것이다.
- 십일면관세음보살수원즉득다라니경

십일면관음 종자진언(十一面觀音種子眞言 : '흐리히'는 십일면관세음보살을 상징하는 종자진언)

옴 로께 즈왈라 흐리히

십일면관세음 신주(十一面觀音神呪 : 삼보와 십일면관세음보살께 귀의하는 진언)

나무 붓다야 나무 달마야 나무 싱가야
나무 야나사가라 비로자나야 다타가다야
나무 아리야 바로기제 새바라야
모디사다야 마하사다야 마하가루니가야
나무 살바다타가데 비야 아라하타

비야 삼먁삼못디비야 다냐타 옴
다라다라 디리디리 두루두루 이디바디
자리 자리 바자리 바자리 구소먀
구소마바리 이리미리지리 아라마 바나야
모디살타 마하가로니가 사바하

→ 이 진언을 외우는 사람은 현재의 몸에 열 가지 과보를 얻게 된다. 첫째는 몸에 항상 병이 없고, 둘째는 항상 시방의 모든 부처님께서 보살펴 주시고, 셋째는 재물과 옷과 음식이 저절로 충족되어 항상 모자라는 일이 없고, 넷째는 침략자를 물리치고, 다섯째는 모든 중생이 자비심을 내게 하고, 여섯째는 독충과 열병이 침해할 수 없고, 일곱째는 칼과 몽둥이가 해칠 수 없고, 여덟째는 물에 빠지거나 표류하지 않고, 아홉째는 불로 인한 피해를 당하지 않고, 열째는 모든 횡사를 당하지 않게 된다. 또 짐승들에게 해를 입지 않고, 영원히 지옥에 떨어지지 않으며, 목숨을 마치려 할 때 시방의 부처님을 뵙게 되며, 극락세계에 태어나게 된다. - 십일면관세음신주경

제2부 • 보살의 진언

불공견삭관음[34] **연화견삭진언**(不空羂索觀音蓮花羂索眞言 : 불공견삭관세음보살께 귀의하는 진언)

옴 아모가 빠드마 빠사 끄로다
까르사야 쁘라베사야 마하빠쭈빠띠 야마
바루나 꾸베라 브라마 베사다라
빠드마꿀라 싸마얌 훔 훔

불공견삭관음 수작사성취진언(不空羂索觀音隨作事成就眞言 : 불공견삭관세음보살의 가피를 입어, 하는 일마다 모두 이루어지기를 기원하는 진언)

옴 아모가 비자야 훔 파뜨

---

34) 불공견삭관음 : 6관음의 한 분으로서 인간을 교화하시는 관세음보살의 화신. '불공견삭' 은 관세음보살께서 공허하지 않은 자비의 밧줄로 중생을 제도하시는 것을 뜻한다.

여의륜관음[35] 진언(如意輪觀音眞言 : 연꽃에 보주寶珠를 지니시고 베품으로써 중생을 구원하시며 지혜의 법륜法輪으로 장애를 깨부수는 여의륜관세음보살께 귀의하는 진언)

- 중주(中呪 : 연꽃이며 여의보주이며 빛이신 관세음보살께 귀의하는 진언)

옴 빠드마 찐따마니 즈왈라 훔

- 소주(小呪 : 소원을 들어주시는 연꽃이신 관세음보살께 귀의하는 진언)

옴 바라나 빠드메 훔

---

35) 여의륜관음 : 6관음 중의 한 분으로서 천상을 교화하시는 관세음보살의 화신. 한 손에 여의보주(如意寶珠)를 들고 중생에게 보시하는 것을 상징하고, 한 손에 금륜(金輪)을 들고 중생을 제도하는 것을 상징한다.

제2부 • 보살의 진언

수월관음[36] **진언**(水月觀音眞言 : 수월관세음보살께 귀의하며 중생들의 소원이 이루어지기를 기원하는 진언)

- **근본진언**(根本眞言 : 수월관음보살의 근본진언)

옴 비숟다 빠드마 싸뜨와 께따 쓰와하

- **심중심진언**(心中心眞言 : 수월관음보살의 핵심 진언)

옴 빠드마 스리예 쓰와하

청경관음[37] **진언**(靑頸觀音眞言 : 청경관세음보살께 귀의하는 진언)

---

36) 수월관음 : 33관음 중의 한 분으로서 물에 비친 달을 보고 계시는 관세음보살의 화신.
37) 청경관음 : 33관음 중의 한 분으로서 푸른 목을 하고 계시는 관세음보살의 화신.

옴 로께스와라 라자 흐리히
또는
옴 빠드메 닐라깐테 스와라 브루브루 훔

엽의관음[38] **진언**(葉衣觀音眞言 : 엽의관세음보살께 귀의하는 진언)

옴 빠르나사바리 훔 파뜨

백의관음[39] **진언**(白衣觀音眞言 : 백의관세음보살께 귀의하는 진언)

나마 싸만따 붓다남 따라가따비사야 쌈바베 빠드마말리니 쓰와하

---

38) 엽의관음 : 33관음 중의 한 분으로서 연잎 옷을 입고 계시는 관세음보살의 화신.
39) 백의관음 : 33관음 중의 한 분으로서 흰 옷을 입고 늘 흰 연꽃 속에 계시는 관세음보살의 화신.

제2부 • 보살의 진언

양류관음[40] **진언**(楊柳觀音眞言 : 양류관세음보살께 귀의하는 진언)

옴 바즈라다르마 바이사지야 라자야 쓰와하

다라보살[41] **진언**(多羅菩薩眞言 : 부처님의 대비심에서 태어나 중생을 극락세계로 건네주시는 다라보살께 귀의하는 진언)

나마 싸만따 붓다남 따레 따리니 까루나 우드바바 쓰와하
또는
옴 빠드마 따레 훔

---

40) 양류관음 : 33관음 중의 한 분으로서 바람을 따라 움직이는 버드나무 가지처럼 중생의 소원을 다 들어주며 온갖 병을 치유하시는 관세음보살의 화신. '약왕관음(藥王觀音)' 이라고도 한다.
41) 다라보살 : 33관음 중의 한 분으로서 여성의 모습을 하고서 어머니처럼 중생을 사랑하고 연민하며 고통에서 건져주시는 관세음보살의 화신.

관세음보살 소설 다라니(觀世音菩薩所說陀羅尼 : 관세음보살께서 시방十方의 중생을 널리 구제하시는 진언)

오사제나 기나디제나 부가도제나
나수부리제나 아마수부리제나
오사호호타제나 기부부제나 수도주제나
아부모나래제나 구구나래제나
지바부나래제나 염부부래제나 사바하

청관세음 자호호타 다라니(請觀世音自護護他陀羅尼 : 관세음보살을 청하며 자신과 남을 보호하는 다라니. 새벽에 깨끗이 씻은 뒤 세 번 외운다.)

나모 불타야 나모 달마야 나모 승가야
나모 아리야 바로기제 새바라야
모디사다야 마하사다야 마하가류
마하가류 니가야 다냐타 오가니 무가니
염바니 담바니 안다리 반다리 시볘제

반다라 바사니 챠연 삭건연체 다대미
살바두사체염바야미 궁바야미 오가야미
무가야미 야바건련체 나암 자제 나모
아리야 바로기제 새바라야 다냐타
혜리미령제령 슈례 마례 챠바례
챠타방기 하륵사 하륵사바이 하륵사도마
살바샤리

관세음보살 구원 다라니(觀世音菩薩求願陀羅尼 : 바라는 것을 얻기를 기원하는 다라니. 관세음보살께 향과 꽃을 공양한 뒤 120번 외운다.)

나모 라다나 다라야야 나모 아리야
바로기제 새바라야 모디사다야
마하모디사다야 마하사다야
마하가로니가 다냐타 오소미사다야
소미바 제바타야 슈기리사다야
슈볘 사다야 이시미시 시전니 바라야긍
사바하

청관세음보살 소복독해 다라니(請觀世音菩薩 消伏毒害陀羅尼 : 관세음보살을 청하며 독과 해로운 것이 사라지기를 기원하는 다라니)

다냐타 타호니 모호니 염바니 담바니
아바히 모호니 안다리 반다리 슈비제
반다라 바사니 휴휴루로 안다리 도도루로
반다리 주주루로 니반다리 독독부부
반다라 바사니 신디 진디 니진디
살바아바야갈다 살바나바바타가 아바야
비리타 볘젼 사바하

➜ 이 진언을 외우면 모든 두려움과 독과 해로운 것, 악귀 따위로부터 벗어날 것이다. 업장業障이 있더라도 관세음보살을 부르며 이 진언을 외우면 업장이 사라질 것이다. 관세음보살의 이름을 간직하고 이 진언을 외우면 몸에 늘 우환이 없고 마음에도 병이 없을 것이다. 이 진언을 외우고자 할 때는 반드시 재계하여 술을 마시지 말고 고기를 먹지 말며 다섯 가지 냄새나는 채소를 먹지

말아야 한다. - 청관세음보살소복독해다라니주경

관세음보살 멸죄득원 다라니(觀世音菩薩滅罪得願陀羅尼 : 관세음보살께서 말씀하신 다라니로서 모든 죄업이 사라지고 소원이 이루어지기를 기원하는 다라니)

나모 륵나리야야 나모 아리야바로기제
새바라야 모디사다야 마하사다야 다냐타
도류 도류 아사 마사 마리니 디바마리니
두두비 나모나모 사바하

관세음보살 제업장 다라니(觀世音菩薩除業障陀羅尼 : 관세음보살께서 말씀하신 다라니로서 모든 업장이 사라지기를 기원하는 다라니)

나모 붓다야 나모 달마야 나모 승가야
나모 아리야바로기제 새바라야
모디사다야 마하사다야 다냐타
사바비기비다필미 미루미의가루당

빈미휴루 야빈기산시빈미
보사가가로마사 야빈미 사바하

※ **관세음보살 사십이수주**(觀世音菩薩四十二手呪 : 관세음보살의 마흔두 가지 손모습과 관련된 진언으로 아래와 같다. 출전 : 오대진언집)

1. **관세음보살 여의주수진언**(觀世音菩薩如意珠手眞言 : 온갖 보배와 재물을 갖추어 부유해지기를 기원하는 진언)

옴 발라 바따라 훔 파뜨
※ 기존 발음은
옴 바아라 바다라 훔 바탁

2. **관세음보살 견삭수진언**(觀世音菩薩羂索手眞言 : 온갖 불안으로부터 벗어나 안락하기를 기원하는 진언)

옴 끼릴라라 몰라 훔 파뜨

제2부 • 보살의 진언

※ 기존 발음은
옴 기리나라 모나라 훔 바탁

3. 관세음보살 보발수진언(觀世音菩薩寶鉢手眞言 : 뱃속의 병고가 없기를 기원하는 진언)

옴 끼리끼리 발라 훔 파뜨
※ 기존 발음은
옴 기리기리 바아라 훔 바탁

4. 관세음보살 보검수진언(觀世音菩薩寶劍手眞言: 모든 귀신을 항복받고자 기원하는 진언)

옴 떼세떼자 뚜비니 뚜데 사따야 훔 파뜨
※ 기존 발음은
옴 제세제야 도미니 도제 샷다야 훔 바탁

5. 관세음보살 발절라수진언(觀世音菩薩跋折羅手眞言 : 모든 악마를 항복받고자 기원하는 진언)

옴 디베디베 디뻬야 마하 시리예 쓰와하
※ 기존 발음은
옴 이베이베 이야 마하 시리예 사바야

6. 관세음보살 금강저수진언(觀世音菩薩金剛杵手眞言 : 모든 원수와 적을 꺾어 항복받고자 기원하는 진언)

옴 바즈라 그니쁘라 딥따야 쓰와하
※ 기존 발음은
옴 바아라 아니바라 닙다야 사바하

7. 관세음보살 시무외수진언(觀世音菩薩施無畏手眞言 : 어디서나 두려움으로 불안할 때 평안함을 얻기를 기원하는 진언)

옴 즈라나야 훔 파뜨
※ 기존 발음은
옴 아라나야 훔 바탁

제2부 • 보살의 진언

8. 관세음보살 일정마니수진언(觀世音菩薩日精摩尼手眞言 : 눈이 어두워 밝게 보지 못할 때 광명을 기원하는 진언)

옴 뚜삐까야 뚜삐브라 바리디 쓰와하
※ 기존 발음은
옴 도비가야 도비바라 바리니 사바하

9. 관세음보살 월정마니수진언(觀世音菩薩月精摩尼手眞言 : 열병을 앓을 때 시원하게 낫기를 기원하는 진언)

옴 수싯디 그리 쓰와하
※ 기존 발음은
옴 소싯지 아리 사바하

10. 관세음보살 보궁수진언(觀世音菩薩寶弓手眞言 : 영예로운 직업을 얻거나 승진하기를 기원하는 진언)

옴 아짜비레 쓰와하

※ 기존 발음은
옴 아자미례 사바하

11. 관세음보살 보전수진언(觀世音菩薩寶箭手眞言 : 좋은 친구를 일찍 만날 수 있게 되기를 기원하는 진언)

옴 까말라 쓰와하
※ 기존 발음은
옴 가마라 사바하

12. 관세음보살 양류지수진언(觀世音菩薩楊柳枝手眞言 : 온갖 병이 사라지기를 기원하는 진언)

옴 수싯디 까리바리 따난따 묵따예
바즈라 바즈라 바안나 하나 하나 훔 파뜨
※ 기존 발음은
옴 소싯지 가리바리 다남타 목다에
바아라 바아라 반다 하나하나 훔 바탁

제2부 • 보살의 진언

13. 관세음보살 백불수진언(觀世音菩薩白拂手眞言 : 자기 몸의 나쁜 장애와 곤란함이 사라지기를 기원하는 진언)

옴 빰미니 바가바떼 모하야 자가
모하니 쓰와하

※ 기존 발음은

옴 바나미니 바아바제 모하야 아아
모하니 사바하

14. 관세음보살 보병수진언(觀世音菩薩寶瓶手眞言 : 온 가족이 화합하기를 기원하는 진언)

옴 그레에 삼망얌 쓰와하

※ 기존 발음은

옴 아례 삼만염 사바하

15. 관세음보살 방패수진언(觀世音菩薩防牌手眞言 : 사나운 짐승을 피하길 기원하는 진언)

옴 약삼 나다야 시짠드라 다두 빠리야
빠사 빠사 쓰와하

※ 기존 발음은

옴 약삼나나야 전나라 다노발야
바사바사 사바하

16. 관세음보살 월부수진언(觀世音菩鉞斧手眞言 : 언제 어디서나 관청의 재난을 입지 않기를 기원하는 진언)

옴 미라야 미라야 쓰와하

※ 기존 발음은

옴 미라야 미라야 사바하

17. 관세음보살 옥환수진언(觀世音菩薩玉環手眞言 : 아들딸을 얻기를 기원하는 진언)

옴 빠암맘 미라야 쓰와하

※ 기존 발음은

옴 바나맘 미라야 사바하

18. 관세음보살 백련화수진언(觀世音菩薩白蓮花手眞言 : 온갖 공덕이 이루어지기를 기원하는 진언)

옴 바즈라 미라야 쓰와하
※ 기존 발음은
옴 바아라 미라야 사바하

19. 관세음보살 청련화수진언(觀世音菩薩靑蓮花手眞言 : 극락세계에 가기를 기원하는 진언)

옴 끼리끼리 발라 부르완다 훔 파뜨
※ 기존 발음은
옴 기리기리 바아라 불반다 훔 바탁

20. 관세음보살 보경수진언(觀世音菩薩寶鏡手眞言 : 큰 지혜를 얻기를 기원하는 진언)

옴 비푸라다 락사 발라 만달라 훔 파뜨
※ 기존 발음은
옴 미보라 나락사 바아라 만다라 훔 바탁

21. 관세음보살 자련화수진언(觀世音菩薩紫蓮花手眞言 : 시방세계의 모든 부처님을 뵙기를 기원하는 진언)

옴 사라사라 바즈라까라 훔 파뜨
※ 기존 발음은
옴 사라사라 바아라 가라 훔 바탁

22. 관세음보살 보협수진언(觀世音菩薩寶篋手眞言 : 땅속에 감춰져 있는 것을 얻기를 기원하는 진언)

옴 바즈라 빠사까리 가나맘라 훔
※ 기존 발음은
옴 바아라 바사가리 아나맘나 훔

23. 관세음보살 오색운수진언(觀世音菩薩五色雲手眞言 : 신선의 도를 이루기를 기원하는 진언)

옴 바즈라 까리 라따 만따

※ 기존 발음은
옴 바아라 가리라타 맘타

24. 관세음보살 군지수진언(觀世音菩薩君遲手眞言 : 범천에 태어나기를 기원하는 진언)

옴 바즈라 세카루따 만따
※ 기존 발음은
옴 바아라 서가로타 맘타

25. 관세음보살 홍련화수진언(觀世音菩薩紅蓮花手眞言 : 여러 하늘나라의 궁전에 태어나기를 기원하는 진언)

옴 상그레 쓰와하
※ 기존 발음은
옴 상아례 사바하

26. 관세음보살 보극수진언(觀世音菩薩寶戟手眞言 : 다른 나라의 침략을 물리치기를 기원하는 진언)

옴 삼마이야 끼니 하리 훔 파뜨
※ 기존 발음은
옴 삼매야 기니하리 훔 바탁

27. 관세음보살 보라수진언(觀世音菩薩寶螺手眞言 : 모든 하늘의 선한 신들을 청하는 진언)

옴 상그레 마하 삼망얌 쓰와하
※ 기존 발음은
옴 상아례 마하 삼만염 사바하

28. 관세음보살 촉루장수진언(觀世音菩薩髑髏杖手眞言 : 귀신을 부리고자 기원하는 진언)

옴 두나 바즈라 하하
※ 기존 발음은
옴 도나 바아라 학

29. 관세음보살 수주수진언(觀世音菩薩數珠手手眞言 : 시방十方의 모든 부처님이 빨리 오셔서 자비의 손길을 드리워 주시기를 기원하는 진언)

제2부 • 보살의 진언

나모 라뜨나 뜨라야야 옴 아나바떼
비자예시디 시딸데 쓰와하
※ 기존 발음은
나모라 다나다라야야 옴 아나바제
미아예 싯디 싯달제 사바하

30. 관세음보살 보탁수진언(觀世音菩薩寶鐸手眞言: 아름다운 음성을 얻기를 기원하는 진언)

나모 빠암맘 빠나예 옴 아미리땅 감베
시리예 시리탕지니 쓰와하
※ 기존 발음은
나모 바나맘 바나예 옴 아미리 담암베
시리예 시리탐리니 사바하

31. 관세음보살 보인수진언(觀世音菩薩寶印手眞言 : 교묘한 말솜씨를 얻기를 기원하는 진언)

옴 바즈라 네땀 자예 쓰와하
※ 기존 발음은
옴 바아라네 담아예 사바하

32. 관세음보살 구시철구수진언(觀世音菩薩俱尸鐵鉤手眞言 : 선한 신들과 용왕이 와서 늘 옹호해 주기를 기원하는 진언)

옴 아꼬로 따라 까라 비사예 나모 쓰와하
※ 기존 발음은
옴 아가로 다라가라 미사예 나모 사바하

33. 관세음보살 석장수진언(觀世音菩薩錫杖手眞言 : 자비심으로 중생을 감싸주고 지켜주고자 발원하는 진언)

옴 날띠날띠 날따빠띠 날떼 다야빠니 훔 파뜨
※ 기존 발음은
옴 날지 날지 날타바지 날제 나야바니 훔 바탁

제2부 • 보살의 진언

34. 관세음보살 합장수진언(觀世音菩薩合掌手眞言 : 모든 중생이 늘 서로 공경하고 사랑하기를 기원하는 진언)

옴 빠암맘 그잘림 흐리
※ 기존 발음은
옴 바나만 아링 하리

35. 관세음보살 화불수진언(觀世音菩薩化佛手眞言 : 세세생생 부처님 곁에서 떠나지 않기를 기원하는 진언)

옴 짠다라 바맘따리 까리다끼리
다끼리니 훔 파뜨
※ 기존 발음은
옴 전나라 바맘타 이가리 나기리
나기니 훔 바락

36. 관세음보살 화궁전수진언(觀世音菩薩化宮手眞言 : 세세생생 항상 부처님 궁전 가운데 있고 다시는 태중의 몸을 받지 않기를 기원하는 진언)

옴 미사라 미사라 훔 파뜨
※ 기존 발음은
옴 미사라 미사라 훔 바탁

37. 관세음보살 보경수진언(觀世音菩薩寶經手眞言 : 부처님의 가르침을 많이 듣고 널리 배워 총명하게 되기를 기원하는 진언)

옴 아하라 사르와 비디야 다라 뿌디떼 쓰와하
※ 기존 발음은
옴 아하라 살바미냐 다라 바니데 사바하

38. 관세음보살 불퇴금륜수진언(觀世音菩薩不退金輪手眞言 : 부처가 될 때까지 보리심이 늘 변함없기를 기원하는 진언)

제2부 • 보살의 진언

옴 사나미짜 쓰와하
※ 기존 발음은
옴 서나미자 사바하

39. 관세음보살 정상화불수진언(觀世音菩薩頂上化佛手眞言 : 시방의 모든 부처님이 빨리 오시어 정수리를 만져 주며 수기해 주시기를 기원하는 진언)

옴 바즈리니 바즈랑게 쓰와하
※ 기존 발음은
옴 바아라니 바아람예 사바하

40. 관세음보살 포도수진언(觀世音菩薩葡萄手眞言 : 곡식과 과실이 번성하기를 기원하는 진언)

옴 아말라 깐떼디니 쓰와하
※ 기존 발음은
옴 아마라 검제이니 사바하

41. 관세음보살 감로수진언(觀世音菩薩甘露手眞言 : 굶주리고 목마른 중생이 배부름과 시원함을 얻기를 기원하는 진언)

옴 수루수루 쁘라수루 쁘라수루
수루수루야 쓰와하

※ 기존 발음은

옴 소로소로 바라소로 바라소로
소로소로야 사바하

42. 관세음보살 총섭천비수진언(觀世音菩薩總攝千臂手眞言 : 온 누리의 마군魔軍을 항복받기를 기원하는 진언)

따디야타 발로끼떼 스와라야 싸르바
뚜스따 오하야미 쓰와하

※ 기존 발음은

다냐타 바로기제 새바라야 살바도따
오하야미 사바하

제2부 • 보살의 진언

지장보살 진언

지장보살[42] 멸정업진언(地藏菩薩滅定業眞言 : 지장보살께서 중생이 결정적으로 받게 된 죄업을 없애 주시는 진언. 흔히 지장정근을 할 때 외운다.) [43]

옴 바라 마니 다니 사바하
또는
옴 바라 마리 다니 사바하

지장보살 이익일체중생진언(地藏菩薩利益一切衆生眞言 : 지장보살께서 모든 중생을 이롭게 하시는 진언)

---

42) 지장보살 : 중생이 남김없이 성불하기 전에는 성불하지 않겠다는 큰 서원을 세우시고 중생을 제도하시는 보살. 원이름은 끄씨띠가르바 보살. 대지와 같이 흔들리지 않고 진리의 곳간을 아는 보살이라는 뜻.
43) "나무 유명교주 대원본존 〈지장보살(되풀이)〉"을 염불한 뒤 이 진언을 외운다.

옴 암마타 암마니 구필 구필 사만다 사바하

지장보살 진언(地藏菩薩眞言 : 삼승三乘을 뛰어넘어 갖가지 가르침으로 교화하시는 지장보살께 귀의하는 진언. '하'는 지장보살을 상징하는 종자진언)

나마 싸만따 붓다남 하 하 하 쑥따누 쓰와하

지장보살 심주(地藏菩薩心呪 : 지장보살의 핵심 진언)

옴 염만타자 사바하

지장보살 심중심주(地藏菩薩心中心呪 : 지장보살의 핵심 진언)

옴 스사

지장심주(地藏心呪 : 지장보살의 핵심 진언)

옴 하하하 비사마예 쓰와하
※ 기존 발음은
옴 하하하 미사마예 사바하

지장보살 츰부다라니(地藏菩薩讖蒲陀羅尼 : 원 이름은 '구족수화길상광명대기명주총지具足水火吉祥光明大記明呪總持'. 죄업을 참회하며 외우는 진언)

츰부츰부 츰츰부 아가서츰부 바결랍츰부
암벌랍츰부 비러츰부 발절랍츰부
아루가츰부 담붜츰부 살더붜츰부
살더일허머츰부 비바루가찰뷔츰부
우붜삼며츰부 내여나츰부
발랄여삼무지랄나츰부 찰나츰부
비실바리여츰부 서탈더랄바츰부
비어자수재 맘히리 담미섬미 잡결랍시
잡결랍뷔 스리치리 시리결랄붜 버러

발날지 히리 벌날비 벌랄저 러니달니헐
날달니 뭐러저저 저저 히리미리 이결타
탐기탐규루 탈리탈라 미리 뭐대 더대
구리미리 앙규즈 더리 얼리 기리
뭐러기리 규차섬뮈리 징기둔기 둔규리
후루후루 후루 규루 술두미리 미리디
미리대 번자더 허러히리 후루 후루루

또는

삼푸 삼푸 삼삼푸 아카샤 삼푸 파카라
삼푸 암바라 삼푸 바이쟈 삼푸 바이쥬라
삼푸 아라카 삼푸 담마 삼푸 샤티마 삼푸
샤티냐라 삼푸 비바로꺄스바 삼푸
우빠이마 삼푸 나야나 삼푸 바라나
삼티르나 삼푸 쨔나 삼푸 바이슈바리야
삼푸 사타라와 삼푸 바이타수타 마헤르
담 담 쨔크라샤 쨔크라마슈리 찌레 삐레
까리 바바라바리리 찌리 바라삐
바리쨔라 반다니 가리타니 바라
쨔쨔쨔쨔 이레 이레 이라타 타케 타우로

다레 다레 이레 마탄 마탄 꾸레 이레레
앙구따비 가리 찌리 파라찌리
구타쨘마리 뚜찌 뚜찌 뚜레 호로 호로
호로 쿠로싯디레 이리테 이리탄 반다타
카라 이리 호로 호로

→ 이 진언은 기억력을 키워 주며, 불법을 지키려는 뜻을 잊지 않게 해줍니다. 수명을 늘려 주며, 신체를 키워 주며, 병이 없게 해주며, 몸에 힘이 넘치게 해줍니다. 명성을 떨치게 해주며, 살림살이를 늘려 주며, 친구를 늘려 주며, 제자를 늘려 줍니다.

계율을 청정하게 지키게 해주며, 부처님의 가르침을 많이 듣게 해줍니다. 지혜의 재물을 보시하게 해주며, 오묘한 선정에 들게 해주며, 굴욕을 잘 참아내는 힘을 키워 주며, 방편을 늘려 줍니다. 깨달음에로 이끄는 진리의 광명을 키워 주며, 대승의 바른 길에 나아가게 해주며, 진리의 밝음을 키워 줍니다.

중생들을 성숙시키는 일을 도와주며, 대자대비를 키워 줍니다. 모든 좋은 일을 키워 주며, 부처님의 이름이 온누리에 가득하게 해주며, 진리의 비가 온누리를 빠짐없이 적시게 해줍니다. 모든 대지의 정기와 자양분을 키워 주며, 모든 중생이 일을 잘 이루도록 정기를 키워 줍니다.

바른 법의 정기가 잘 행하여지게 하며, 지혜의 광명을 키워 주며, 6바라밀의 오묘한 행을 키워 줍니다. 육안과 천안과 혜안, 법의 눈과 부처님의 눈 등 다섯 가지 눈을 키워 주며, 정수리에 물을 뿌리며 수기 받게 해주며, 천상에 나고 열반에 들게 도와줍니다. 이 모든 것들은 이 진언 때문에 가능합니다.

이 진언은 모든 지혜를 힘있고 예리하게 하여 번뇌의 적을 쳐부숩니다. 이 진언은 모든 존재의 티끌 번뇌를 씻어 주고, 전쟁이 치성한 시대를 종식시키며, 흐리고 악한 뜻을 맑게 해주고, 오염된 땅과 물과 불과 바람을 맑게 해줍니다. 이 진언은 흐리고 나쁜 맛을 맑게 해주며, 흐리고 나쁜 기운을 맑게 해주며, 모든 소원을 충족시켜 주며, 모든 농사가 잘 되게 해줍니다.

이 진언은 모든 부처님께서 가호하시며 모든 보살님들이 가호하고 따라서 기뻐하십니다.
- 지장십륜경

지장보살 진언(조상경造像經의 진언)

옴 살바니 바나미 깜바예 훔

지장보살설 신주(地藏菩薩說神呪)

옴 사만다 아마이 구비구비 사만다 사바하

지장보살 구품연대주(地藏菩薩九品蓮臺呪 : 지장보살께서 중생들이 극락세계의 아홉 가지 연화대에 태어나도록 인도하시는 진언)

옴 염마지이 사바하

지장보살 공양주(地藏菩薩供養呪 : 지장보살께 공양 올릴 때 외우는 진언 - 지장보살의궤)

옴 남야마니 사바하

지장보살 총설주(地藏菩薩總說呪 : 지장보살께서 말씀하신 진언 - 지장보살의궤)

옴 갈지리야 사바하

지지보살[44]**) 진언**(持地菩薩眞言 : 지지보살께 귀의하는 진언)

나마 싸만따 붓다남 다라니 다라 쓰와하

---

44) 지지보살 : 지장보살의 다른 이름.

제2부 • 보살의 진언

문수보살 진언

문수보살[45] 근본 일자 다라니(文殊菩薩根本 一字陀羅尼 : 문수보살께서 근본으로 삼으신 한 글자 진언으로 모든 진언의 왕이라고 한다. 흔히 외우는 '호신진언護身眞言'이 여기서 유래되었다.)

옴 찌림
※ 기존 발음은
옴 치림
('치림'은 범어로는 본래 한 글자이므로 두 자를 합쳐 읽는데, 그 앞에 '옴'을 더하여 '옴 치림'이라고 외운다.)

➜ 깊은 신심으로 이 진언을 한 번 외우면 자신을 지킬 수 있고, 두 번 외우면 상대방을 지키며, 세 번 외우면 온 가족을 지키며, 여섯 번 외우면 온 세상 사람들을 다 지킬 수 있다.

---

45) 문수보살 : 석가모니 부처님의 지혜를 상징하는 보살. 원이름은 만주스리 보살. '묘길상(妙吉祥)'이라고도 부른다.

또 이 진언을 외우면 문수보살의 보호를 받게 되고 자비심을 가지게 되며 온갖 재앙과 장애와 악몽과 원수가 사라진다. 또 오역죄와 십악업 등이 사라지고 모든 좋은 일이 이루어진다. 다만 주의할 것은 이 진언을 외우는 사람은 늘 나쁜 사람을 멀리해야 하며 술과 고기, 짜고 매운 것을 먹지 말아야 한다. - 문수사리근본일자다라니경

문수보살 오자진언(文殊菩薩五字眞言 : '오자문수진언' 이라고도 한다. 모든 소원을 이룬다는 뜻을 지닌 다섯 자. '아' 는 깨달음을 즐겨 구한다는 뜻. '라' 는 중생을 저버리지 않는다는 뜻. '빠' 는 집착 없고 티없다는 뜻. '짜' 는 청정하고 미묘한 수행이라는 뜻. '나' 는 모든 것에 자성이 없다는 뜻.)

아 라 빠 짜 나

※ 기존 발음은

아 라 파 자 나

→ 이 진언을 받아 지니면 부처님의 모든 가르침을 터득할 수 있고, 큰 지혜(마하반야)를 빨리 얻을 수 있다.

문수보살 법인능소정업주(文殊菩薩法印能消定業呪 : 문수보살께서 큰 지혜로써 중생이 결정적으로 받게 된 죄업을 없애 주시는 진언. '옴바계타나마'를 '문수보살 6자 진언'이라고도 한다.)

옴 바계타 나막 사바하

→ 이 진언을 외우려면 육식을 하지 말고 채소나 과일, 우유를 먹어야 한다. 매일 세 번 목욕하고 새 옷을 갈아입은 뒤 깨끗한 흰 천에 문수보살의 성상聖像을 그리되 앉아 있는 동자童子의 상으로 그리고 왼쪽에는 관세음보살, 오른쪽에는 보현보살의 성상을 그려서 모신 뒤 음식을 차려 놓고 향을 피우면서 진언을 외워야 한다. 그러면 죄업이 사라지고 문수보살을 뵙게 되며 음욕淫慾을

제외한 모든 소원을 이루게 된다. - 육자신주경

팔자 문수진언(八字文殊眞言 : '문수보살대위덕심주文殊菩薩大威德心呪'라고도 함)

옴 아 비 라 훔 카 짜 라
※ 기존 발음은
옴 아 미 라 훔 카 자 라

➜ 이 팔자진언은 가장 수승하고 큰 위덕을 지닌 진언이니, 모든 부처님의 불가사의한 신통력을 나타내며, 한량없는 신통변화를 짓는다.

선남자 선여인이 이 진언을 한 번 외우면 곧 자신을 지킬 수 있고, 두 번 외우면 친구를 지킬 수 있으며, 세 번 외우면 사는 곳을 지킬 수 있으니 십지보살도 미칠 수 없는데 하물며 범부중생이겠는가. 네 번 외우면 처자를 지키고, 다섯 번 외우면 모든 권속(가족)을 지키며, 여섯 번 외우면 모든 성읍과 중생의 온갖 고난을 구제한다. 또 옷 입을 때 일곱 번 외우면 모든 악한 독과 재난을 없애며, 세수할 때 맑은 물에다 일곱 번 외우고 나서 씻으면 중생들이 우러러보게 되며, 잘못된 견해를 가진 이들이 모두 항복하며, 사람들마다 공경하게 되어 나쁜 마음을 없애고 환희심을 낼 것이다. 날마다 새벽에 물 한 잔을 떠서 일곱 번 외우고 마시면 나쁜 과보가 모두 사라지고 몸과 입과 뜻으로 지은 죄도 사라져서 장수하게 될 것이다. 늘 외우면 오역죄五逆罪와 사중죄四重罪와 십악죄十惡罪가 모두 사라져 문수보살을 뵙게 될 것이며, 앉거나 눕거나 다니거나 서 있을 때 잊지 않고 외우면 모든 중생을 조복받을 수 있을 것이다. - 금강정초승삼계경(金剛頂超勝三界經)

문수사리 법보장 다라니(文殊師利法寶藏陀羅尼 : 문수보살의 가르침을 담고 있는 진언)

나모 아랴 만수시리예 보리사다바야
다냐타야 예야 예예 납체 야야마하 마혜
사바하

문수보살 소제병고 다라니(文殊菩薩消除病苦陀羅尼 : 문수보살께서 중생의 병고를 없애 주시는 진언. '문수사리보살소설다라니' 라고도 한다.)

지부다나제 잠부지나제 소차부지나제
축기부지나제 오소다지나제
바차부지나제 사마라장지나제
아서파라장지나제 여파제지나제 사바하

➜ 수행자가 이 다라니를 외우면 현세에 일천 부처님의 보호를 받을 것이며, 목숨을 마치고 나면 나쁜 세계에 떨어지지 않고 도솔천에 태어나 미륵보살을 뵙게 될 것이다. 이 진언을 외우려면 이레 동안 단식하며 참회해야 한다.

일계 문수진언(一髻文殊眞言 : 길상吉祥을 성취하신 문수보살께 귀의하는 진언)

옴 싸마나 스리 쓰와하

문수보살 진언(文殊菩薩眞言)

나마 싸만따 붓다남 헤 헤 꾸마라까
비묵띠 빠타 쓰티따 쓰마라 쓰마라
쁘라띠즈냥 쓰와하

문수사리보살 근본대교왕금시조왕진언(文殊師利菩薩根本大教王金翅鳥王眞言)

나모 사만다 못다남 아바라디 하다
샤사나남 다냐타 옴 샤구나 마하샤구나
미단다 바가사 살바바나 아나가
카카카혜 카혜 삼마 마노사마라 훔디따
모디사다무 가냐바야디 사바하

문수사리보살주(文殊師利菩薩呪 : 문수보살께서 중생이 음욕과 교만을 물리치게 하고자 말씀하신 진언)

구리구리제나 우졸우졸제나
도우도우제나 구타구타제나
아마도아마도제나 구타우구타제나
우수우수제나 야마야야마야제나
도우타구타다 사바하

➜ 이 진언은 실성한 사람들이 다시 바른 생각을 얻게 하며, 음욕의 불을 끄고 마음에 시원함을 얻게 하며, 자만심을 없애고 번뇌의 불을 끄며, 탐욕과 성냄과 어리석음의 번뇌와 장애를 없애준다. 이 진언을 외우려면 술과 파·마늘·달래·부추 따위를 먹지 말고, 49일 동안 고기를 먹지 말아야 한다.

문수보살 요익선리색력명예다라니(文殊菩薩饒益善利色力名譽陀羅尼 : 문수보살께서 중생들이 이익과 건강과 명예를 얻게 하고자 말씀하신 진언)

다냐타 아기마기 나기나기니 나가사
이바나니령 사희령 사희라바제 사제령
사제라바제 사바하

보현보살 진언

보현보살[46] **진언**(普賢菩薩眞言 : 발심하면 곧 열반에 이른다는 뜻을 보여주는 보현보살의 진언)

나마 싸만따 붓다남 싸만따누가따
비라자 다르마니 르자따 마하 마하
쓰와하
또는
나마 싸만따 붓다남 암 아하 쓰와하

보현보살 근본진언(普賢菩薩根本眞言 : 보현보살과 자신이 둘이 아님을 깨닫는 진언)

옴 싸마야 싸뜨왐

---

46) 보현보살 : 석가모니 부처님의 서원과 실천을 상징하는 보살. 원이름은 싸만따바드라 보살. 변길(遍吉)보살이라고도 한다.

제2부 • 보살의 진언

보현보살 멸죄주(普賢菩薩滅罪呪 : 보현보살께서 중생이 죄업을 없애고 마음에 해탈을 얻게 하고자 말씀하신 진언)

지바닥 비니바닥 오소바닥 카헤카헤 사바하

→ 이 진언은 마음에 해탈을 얻을 수 있게 한다. 세 가지 질병(탐욕, 성냄, 어리석음)을 없애고 깨달음의 장애가 되는 죄와 침략자를 물리칠 수 있다.

보현보살 선다라니(普賢菩薩旋陀羅尼 : 묘법연화경 보현보살권발품에 나오는 진언으로서, 보현보살께서 법화경을 지니고 읽고 외우며 베껴 쓰는 이를 지켜 주기 위해 말씀하신 진언)

아단데 단다빠띠바떼 단다바르떼
단다꾸살레 단다쑤다레 쑤다레
쑤다라빠띠 붓다빠시야네 싸르와다라니

아바르따네 싸르와바시야바르따네
쑤아바르따네 쌍가빠릭사니
쌍가니르가따니 아쌍게 쌍가빠가떼 뜨리
아드와쌍가뚤리야쁘랍떼
싸르와쌍가싸마띠 끄란떼
싸르와다르마쑤빠릭시떼
싸르와싸뜨와루따까우쌀리야누가떼
씽하비끄리디떼

※ 기존 발음은

아단디 단다바디 단다바제 단다구사례
단다수다례 수다례 수다라 바디 붓다
바선네 살바다라니 아바다니 살바바사
아바다니 수아바다니 싱가 바릭사니
싱가 녈가다니 아싱기 싱가 바가디 제례
아수싱가도비 아라제 바라제 살바싱가
삼마디 가란디 살바달마 수바릭 사제
살바살타 루다 교사랴 아누가디 신아
비기리디제

제2부 • 보살의 진언

보현보살 다라니(普賢菩薩陀羅尼 : 문수보살법
보장다라니경에 실려 있는 보현보살님의 진언)

나모 아랴 사만다 발나라야
모지사다바야 다냐타 혜발녜 마하발녜
아저발녜 미아다라야 세마하미아다라야
세혜마바저갈마 바라나 미수다니 사바하

보현보살 일체불모 최상다라니(普賢菩薩一切
佛母最上陀羅尼 : 보현보살께서 말씀하신 진언으
로 모든 깨달음의 어머니가 되는 최상의 진언)

다냐타 옴 나모 나마사다바
부바이스바라 마하부아야아 삼마삼마
아미다 사마아난다 사마아아나 사마다리
바바사마 미사 사마파라마 라타
사마사바바 바사마다타 아다사마아라냐
사마수제 사마못다사 마다리마 다타아다
사마승하미 사마사마 일가나야사
아라미수타로가 사사라 못다라못다

미냐야 미냐야 암발라 설흘다나야
나야감개라 지슬타 나삼부 아암사
나라야라야 다리마 아라 타라 타라
야야야야 훔 훔 타마타마 사바하

➜ 중생이 이 진언을 들으면 그지없는 겁 동안 지어온 죄업이 다 사라지고 번뇌의 바다가 말라 버리며 아상我相의 산이 무너져 버린다.
- 불설 보현보살다라니경

보현보살 옹호수지진언(普賢菩薩擁護受持眞言 : 보현보살께서 옹호해 주시기를 기원하는 진언)

나모 못다야 나모 달마야 나모 싱가야
나모 아미다못다 살바살바 모디살바
마하살바 아리야 아리야 나리야
바루살바 바라디목사 빌바독사제리
사바하

제2부 • 보살의 진언

보현보살 여의주진언(普賢菩薩如意珠眞言 : 소원이 뜻대로 이루어지기를 발원하는 진언)

나마 싸만따 붓다남 싸만따 누가따
비라자 다르마니 르자따 마하 마하
쓰와하

보현연명보살[47] **진언**(普賢延命菩薩眞言 : 생사의 근본인 유有와 무無에 대한 집착을 부수고 수명 연장을 기원하는 진언)

옴 바즈라유쎄 훔 훔 시키 쓰와하

속질만보현다라니(速疾滿普賢陀羅尼 : 보현보살의 원력으로 소원이 빨리 이루어지기를 기원하는 진언)

---

47) 보현연명보살 : 밀교에서는 보현보살께 기원하면 일찍 죽지 않고 수명을 연장할 수 있다 하여 이렇게 부른다. 또 금강석 같은 지혜로 모든 번뇌를 깨뜨린다 하여 '금강살타' 라는 별명으로도 부른다.

나모 따랴 다미가남 다타아다남 옴
아슈바라 미이니 사바하

보현보살 법신인주(普賢菩薩法身印呪 : 보현보살의 법신 진언)

옴 바디례 바디례 소바디례 바다라바디
잔다라 비마례 사바하

➜ 이 진언을 지극한 마음으로 스물한 번 외우고 참회하면 온갖 죄업이 사라질 것이다.
- 불설다라니집경

견보현보살주(見普賢菩薩呪 : 보현보살을 뵙고 죄업이 사라지기를 기원하는 진언)

나모 아리야사만다바다라야 모디사다야
마하사다야 다냐타 안라다가라다 아라다
갈라다 사바하

제2부 • 보살의 진언

미륵보살 진언

미륵보살[48] **진언**(彌勒菩薩眞言 : 미륵보살의 진언)

나마 싸만따 붓다남 마하요가 요기니
요게스와리 칸자리께 쓰와하
또는
옴 마이뜨레야 쓰와하

미륵보살 법신인주(彌勒菩薩法身印呪 : 미륵보살의 법신 진언)

옴 매이제리 매이제리 화다라마나셰
매다라삼바비 매다로바비 사바하

---

48) 미륵보살 : 원이름은 마이뜨레야 보살. 중생을 사랑하는 보살이라는 뜻으로 '자씨보살(慈氏菩薩)' 이라고도 부른다. 석가모니 부처님의 뒤를 이어 미래에 부처님이 되실 보살.

미륵보살 다라니(彌勒菩薩陀羅尼 : '문수사리 법보장다라니경'에 나오는 미륵보살의 진언)

나모 아랴 매다레야 모지사다바야
다냐타 매다리 매다리 매다라마나세
사바하

자씨보살 다라니(慈氏菩薩陀羅尼 : '불설 자씨보살다라니경'에 나오는 미륵보살의 다라니)

다냐타 시리시리 사라사라 소로소로
다라다라 자라자라 마하자라 바라바라
마하바라 감파감파 마하감파
말사라다리마 아흐라사 아라사바하

제2부 • 보살의 진언

그 밖의 보살 진언

일광보살 진언(日光菩薩眞言 : 약사여래를 보좌하는 좌보처보살인 일광보살께 귀의하는 진언)

옴 아니디야쁘라바야 쓰와하

일광보살 대신주(日光菩薩大神呪 : 일광보살의 신비한 진언)

**나무 붓다구나메 나무 달마마하띠 나무 승가다야니 뜨리부뻬살 뚜 단나마
쓰와하**

➔ 이 진언을 외우면 모든 죄업이 사라지며 모든 악마를 물리치고 천재지변을 없앨 수 있다. 그리고 미래의 세상에 단정한 모습을 얻을 수 있다.

월광보살 진언(月光菩薩眞言 : 약사여래를 보좌하는 우보처보살인 월광보살께 귀의하는 진언)

옴 짠드라쁘라바하 쓰와하

월광보살 대신주(月光菩薩大神呪 : 월광보살께서 수행하는 사람들을 지켜주시고, 모든 장애와 곤란을 없애 주시며, 모든 나쁜 질병의 고통을 없애 주시며, 모든 좋은 일을 이루어 주시며, 모든 두려움을 없애 주시는 진언)

신띠 떼 뚜스뜨 아자미떼 우뚜뜨 싱지뜨 빠라떼 야미 자따우뚜뜨 꼬라떼 따지마뜨 쓰와하

제2부 • 보살의 진언

약왕보살[49] **진언**(藥王菩薩眞言 : 약왕보살께 귀의하는 진언)

옴 바이사지야 라자야 쓰와하

약왕보살 다라니(藥王菩薩陀羅尼 : 약왕보살의 서원에 따라 몸과 마음의 모든 병고가 사라지고 성불하기를 기원하는 진언)

아니 마니 마네 미마네 지례 자리제
샤마 샤리다위 선제 목제 목다리 사리
아위사리 상리 사릭 사예 악사예 아기니
선제샤리 다라니 아로가 바사바쟈
빅시니 녀비제 아변다라 녜리제 아단다
바례슈디 구구례 모구례 아라례 바라례
슈가차 아삼마 삼리 못다 비기리 구제
달마바리차제 싱가 녈구사녜 바샤

---

49) 약왕보살 : 자신을 불살라 모든 부처님께 공양하는 보살. 또 중생에게 좋은 약을 주어 몸과 마음의 고통을 치유하는 보살이기도 하다.

바샤슈디 만다라 락사 야다우루다
우로교샤라 악샤라 악사 야다야 아바로
아마아 나다야

대세지보살[50] **진언**(大勢至菩薩眞言 : 대세지보살께 귀의하는 진언)

나마 싸만따 붓다남 잠잠 싸하 쓰와하

대세지보살 법인주(大勢至菩薩法印呪)

옴 바아라 바아리니 구타구리니
반다반다 하나하나 다가다가 바자바자
오훔박 사바하

➔ 매월 보름에 목욕재계하고 이 진언을 외우면 물러나지 않는 경지를 빨리 얻게 될 것이다.

---

50) 대세지보살 : 아미타 부처님의 지혜를 상징하는 보살로 '대정진보살(大精進菩薩)'이라고도 한다. 지혜의 빛으로 모든 중생을 비추어 삼악도에서 벗어나게 하는 큰 힘을 가진 보살이라는 뜻.

대세지보살 다라니(大勢至菩薩陀羅尼 : 대세지보살께서 중생을 모든 병고로부터 구하고 모든 의심의 그물을 끊어 주시는 진언으로 '칠불팔보살소설대다라니신주경'에 나온다.)

기부타나제 아수파라제 기부로파라제
아수다파라제 오나호파라제
약모야파라제 도고주파라제
약모야파라제 사바하

대정진보살 진언(大精進菩薩眞言 : 대세지보살의 다른 이름인 대정진보살께 귀의하는 진언)

옴 수라야 비 쓰와하

반야보살[51] **진언**(般若菩薩眞言 : 반야보살께 귀의하는 진언)

옴 디 스리 스루따 비자예 쓰와하

---

51) 반야보살 : 대반야경의 본존(本尊).

무진의보살[52] **진언**(無盡意菩薩眞言 : 무진의보살께 귀의하는 진언)

옴 악사야 마따예 쓰와하

허공장보살[53] **진언**(虛空藏菩薩眞言 : 허공장보살께 귀의하는 진언)

옴 바즈라 라뜨나 훔

허공장 구문지법진언(虛空藏求聞持法眞言 : 허공장보살께 귀의하는 진언)

나마 아까사 가르바야 옴 말리 까말리 마울리 쓰와하

---

52) 무진의보살 : 원이름은 악사야마띠 보살. 무진혜보살(無盡慧菩薩)이라고도 한다. 중생계가 끝이 없으므로 보살의 뜻도 끝이 없다는 뜻으로 무진의보살이라는 이름을 갖게 되었다.
53) 허공장보살 : 원이름은 아까사가르바 보살. 허공처럼 한량없는 복과 지혜의 창고를 갖고 계신 보살이라는 뜻. 이분은 자신의 것을 덜어 남을 이롭게 하고 모든 중생을 구제하리라는 서원을 세우신 분이다.

허공장보살 소설다라니(虛空藏菩薩所說陀羅尼 : 허공장보살께서 고통받는 중생을 구제하는 진언)

아나기주소 부리제기주소 아바주기주소
필리제나기주소 여바면기주소
오사제나기주소 아바주기주소
아야호바기주소 사바하

묘견보살[54] **진언**(妙見菩薩眞言 : 묘견보살의 진언)

- 기묘심주(奇妙心呪)

옴 쑤드리스따 쓰와하

- 심중심주(心中心呪)

옴 마하스리예 데바 쓰와하

---

54) 묘견보살 : 북극성을 형상화한 보살로서 '북신보살(北辰菩薩)' 이라고도 한다. 이 보살은 이 땅을 수호하고 재난과 전쟁을 없애는 등의 공덕이 있다고 한다.

현호보살[55] 진언(賢護菩薩眞言)

옴 바드라빨라야 쓰와하

제개장보살[56] 진언(除蓋障菩薩眞言 : 제개장보살께 귀의하며 번뇌가 사라지기를 기원하는 진언)

나마 싸만따 붓다남 아하 싸뜨와
께따비요드가따 뜨람 뜨람 람 람 쓰와하

금강살타[57] 진언(金剛薩埵眞言 : 밀교의 16대 보살 중의 한 분인 금강살타의 진언)

나마 싸만따 붓다남 바즈라남 짠다
마하로싸나 훔

---

55) 현호보살 : 8대 보살 중의 한 분인 바드라빨라보살. 모든 중생을 잘 수호해 주는 보살이라는 뜻.
56) 제개장보살 : 원이름은 싸르와니바라나비쓰깜빈 보살. 모든 번뇌의 장애를 없애는 보살이라는 뜻.
57) 금강살타 : 원이름은 바즈라싸뜨와 보살. 대일여래께서 대일경을 말씀하신 상대로서, 대일여래의 가르침을 결집하여 용수보살에게 전했다는 보살.

제2부 • 보살의 진언

대금강륜진언(大金剛輪眞言 : 금강륜보살의 진언)

나마 스뜨리야드위까남 따타가따남 암
비라지 비라지 마하짜끄라 바즈리 싸따
싸따 싸라떼 싸라떼 뜨라이 뜨라이
비다마니 쌈방자니 뜨라마띠씻다그리야
뜨람 쓰와하

➡ 이 진언을 외우면 보리심이 굳건해지고 마음의 때를 여의고 여래의 마음이 되어 흔들리지 않는 지혜를 체득할 수 있다.
- 감로군다리보살공양염송성취의궤

제3부
신중의 진언

제3부 신중의 진언

제천[58] **진언**(諸天眞言 : 천신들을 비롯한 천룡팔부[59]의 중생들을 깨우치시고 세상의 어둠을 밝히시는 부처님께 귀의하는 천신들의 진언)

나마 싸만따 붓다남 로까로까 까라야
싸르와 데바 나가 약사 간다르바 아쑤라
가루다 낀나라 마호라가 아디 끄리다야
아니야 까르사야 비찌뜨라가띠 쓰와하

도솔천[60] **진언**(兜率天 眞言 : 도솔천의 진언)

뚜씨떼 비야하 쓰와하

---

58) 천 : 원이름은 '데바'. 육도 중생 가운데 천상에 있는 존재로서 일반적으로 천신들을 가리킨다.
59) 천룡팔부 : 천, 용, 야차, 건달바, 아수라, 긴나라, 마후라가 등 불법을 수호하는 여덟 부류의 신중으로서, '팔부신중(八部神衆)'이라고도 한다.

범천[61] 진언(梵天 眞言 : 대범천의 진언)

나마 싸만따 붓다남 쁘랑냐 빠따예
쓰와하

대범천 법인주(大梵天法印呪 : 대범천의 진언)

옴 슈로티 시미리티 다라니 오홈하

제석천[62] 진언(帝釋天眞言 : 제석천의 진언으로 '소청제석천진언召請帝釋天眞言' 이라고도 함)

나마 싸만따 붓다남 옴 사끄라야 쓰와하
※ 기존 발음은
나모 삼만다 못다남 옴 사가라야 사바하

---

60) 도솔천 : 원이름은 '뚜시따'. 욕계의 제4천. 이 하늘의 내원(內院)에 미륵보살이 머물며 천신들을 교화하신다.
61) 범천 : 원이름은 '브라흐마'. 브라만교에서는 창조주로 받들지만, 불교에서는 색계의 초선천(初禪天)으로 본다. 보통 '범천'이라 하면 초선천에 사는 천신들을 거느리는 대범천을 가리키며, '대범천왕', '범왕', '세주' 따위로 불리운다.
62) 제석천 : 원이름은 '사끄라 데바남 인드라'. '천제석', '석제환인', '인드라' 라고도 한다. 도리천의 주인인 천신.

제석천왕 제구예진언(帝釋天王除垢濊眞言 : 제석천왕이 더러움을 없애는 진언)

아지부 제리나 아지부 제리나
미아제리나 오소제리나 아부다제리나
구소제리나 사바하

제석심진언(帝釋心眞言 : 제석천의 핵심 진언)

옴 바아라 리다 훔

제석천 법인주(帝釋天法印呪 : 제석천의 진언)

옴 겁바미리카 겁바가미리카
나라아모신양 아모바하 아카수모카
사가디 시나바라식 사바하

대자재천[63] **진언**(大自在天眞言: 대자재천의 진언)

옴 에히예히 마헤스와라야 쓰와하

사천왕 진언(四天王眞言 : 사천왕의 진언)

옴 잠바라 잘렌드라야 쓰와하

지국천64) **진언**(持國天眞言 : 사천왕의 한 분인 지국천왕의 진언)

옴 드리띠라스뜨라 라라 쁘라만다나 쓰와하

광목천65) **진언**(廣目天眞言 : 사천왕의 한 분인 광목천왕의 진언)

옴 비루빡사 나가 디빠따예 쓰와하

---

63) 대자재천 : 원이름은 '마헤스와라'. 원래 브라만교의 주신이었는데 불교에서 불법을 수호하는 호법신으로 받아들였다. 색계 제4선천에 머물고 있는 천신.
64) 지국천 : 사천왕 중의 한 분으로서 이 세계의 동방을 지키는 선신(善神).
65) 광목천 : 사천왕 중의 한 분으로서 이 세계의 서방을 지키는 선신. 맑은 하늘눈으로 이 세계의 중생들을 살피므로 '광목천'이라는 이름을 갖게 되었다.

제3부 • 신중의 진언

증장천[66] **진언**(增長天眞言 : 사천왕의 한 분인 증장천의 진언)

옴 비루다까 약사 디빠따예 쓰와하

다문천(비사문천)[67] **진언**(多聞天眞言 : 사천왕의 한 분인 다문천왕의 진언)

나마 싸만따 붓다남 바이스라바나야 쓰와하

또는

옴 단다 다라야 쓰와하

염마천[68] **진언**(閻魔天眞言 : 염라왕의 진언으로 염라왕법신주閻羅王法身呪라고도 한다.)

---

66) 증장천 : 사천왕 중의 한 분으로서 구반다 등의 신들을 거느리고 이 세계의 남방을 지키는 천왕. 사악함을 꺾고 선근을 증장시키므로 '증장천'이라는 이름을 갖게 되었다.
67) 다문천 : 사천왕 중의 한 분으로서 야차, 나찰 등을 거느리고 이 세계의 북방을 지키는 선신. 항상 도량을 수호하고 부처님의 가르침을 듣기에 '다문'이라는 이름을 갖게 되었다.
68) 염마천 : 원이름은 '야마'. 호법신의 하나로서 흔히 '염라대왕'이라 일컫는다.

옴 야마라자 우그라비리야 아가차
쓰와하
※ 기존 발음은
옴 염마라자 오아라비리야 아자 사바하

변재천[69] **진언**(辯才天眞言 : 변재천녀의 진언)

나마 싸만따 붓다남 싸라쓰와띠예
쓰와하
또는
나마 싸라쓰와띠 마하데비예 쓰와하

용[70] **진언**(龍眞言 : 용의 진언)

나마 싸만따 붓다남 메가 아사니예
쓰와하

---

69) 변재천 : 원이름은 '싸라쓰와띠'. 원래 브라만교에서 문예의 여신으로서 '변재천녀' 라고도 한다.
70) 용 : 원이름은 '나가'. 불법을 수호하는 팔부 신중(八部神衆)의 하나.

소청제용왕진언(召請諸龍王眞言 : 모든 용왕을 청하는 진언)

나마 사만다 못다남 옴 미가 마리야
사바하

야차[71] 진언(夜叉眞言 : 모든 부처님께 귀의하는 야차의 진언. '소청제야차중진언召請諸藥叉衆眞言'이라고도 한다.)

나마 싸만따 붓다남 약사 이스와라
쓰와하
※ 기존 발음은
나모 사만다 못다남 옴 약세 새바라야
사바하

---

71) 야차 : 원이름은 '야크샤'. 팔부 신중의 하나.

건달바[72] 진언(乾達婆眞言 : 건달바의 진언)

나마 싸만따 붓다남 비숫다 쓰와라
바헤니 쓰와하

아수라[73] 진언(阿修羅眞言 : 부처님께 귀의하며 모든 번뇌의 때를 씻고자 기원하는 아수라의 진언)

나마 싸만따 붓다남 라땀 라땀 드반땀
므라 쁘라

가루라[74] 진언(迦樓羅眞言 : 가루라의 진언)

옴 끄시빠 쓰와하

---

72) 건달바 : 원이름은 '간다르와'. 향기의 신, 음악의 신이라고 한다.
73) 아수라 : 팔부 신중의 하나.
74) 가루라 : 원이름은 '가루다'. 금빛 날개를 가지고 있어 '금시조(金翅鳥)'라고도 한다.

제3부 • 신중의 진언

긴나라[75] **진언**(緊那羅眞言 : 긴나라의 진언)

나마 싸만따 붓다남 하싸남 비하싸남

마후라가[76] **진언**(摩睺羅伽眞言 : 부처님께 귀의하며 생사의 속박에서 벗어나고자 기원하는 마후라가의 진언)

나마 싸만따 붓다남 가 라 람 비 라 람

금강심진언(金剛心眞言 : 불법佛法을 수호하는 밀적금강密迹金剛의 핵심 진언)

옴 오류니 사바하
또는
옴 오룬이 사바하

---

75) 긴나라 : 원이름은 '낀나라'. '인비인(人非人)' 이라고도 한다. 음악의 신이라고 한다.
76) 마후라가 : 원이름은 '마호라가'. 음악의 신.

예적대원만다라니(穢跡大圓滿陀羅尼 : 불법을 수호하는 예적명왕穢跡明王[77] 금강신의 위력으로 마군魔軍을 물리치고 불사를 원만성취하는 다라니)

옴 빌실구리 마하 바라한내 믹집믹
혜마니 미길미 마나세 옴 자가나 오심모
구리 훔훔훔 박박박박박 사바하

예적명왕 대심진언(穢跡明王大心眞言 : 분노의 힘으로 마군魔軍을 타파하는 예적명왕의 진언. '예적대원만다라니' 의 원음으로 보인다.)

옴 바즈라 끄로다 마하 발라 하나다하
빨라 비드완 우추스마 끄로다 훔 파트

---

77) 예적명왕 : 원이름은 '우추스마'. 밀교에서 받드는 분노의 신으로 '예적금강' 이라고도 한다. 104위 신중탱화의 주존(主尊).

제3부 • 신중의 진언

항마진언(降魔眞言 : 마군을 항복받는 진언)

옴 소마니 소마니 훔 하리한나 하리한나
훔 하리한나 바나야 훔 아나야혹 바아밤
바아라 훔 바탁

십대명왕 본존진언(十大明王本尊眞言 : 십대명왕[78] 본존의 진언)

옴 호로호로 지따지따 반다반다
아나아나 아마리제 훔박 [79]

소청팔부진언(召請八部眞言 : 불법佛法을 수호하는 팔부신중八部神衆을 청하는 진언)

옴 살바 디바나가 아나리 사바하

---

78) 명왕 : 제도하기 어려운 중생을 제도하기 위해 분노하는 모양을 나타내는 신중. 무서운 모습으로 중생의 무명을 타파하고 지혜의 광명을 주므로 '명왕'이라 한다.
79) 조선시대 진언집(망월사 판)에는 '옴 호로호로 디따디따 반다반다 아나아나 아무리뎨 옴박'.

소청삼계제천진언(召請三界諸天眞言 : 욕계, 색계, 무색계 등 삼계의 모든 천신들을 청하는 진언)

옴 삼만다 아가라 바리 보라니 다가다가 훔바닥

소청호법선신진언(召請護法神眞言 : 불법佛法을 수호하는 선한 신들을 청하는 진언)

나모 사만다 못다남 옴 마리톄 밀야 사바하

소청제명선신진언(召請諸明善神眞言 : 모든 선한 신들을 청하는 진언으로 '소청일체명선신주'라고도 한다)

옴 아모가 니만다라 나미 모가 사만나라 미리미리 사바하

소청일체선신주(召請一切善神呪 : 모든 선한 신들을 청하는 진언)

옴 상아례 마하 삼만염 사바하

소청대력선신주(召請大力善神呪 : 큰 힘을 지닌 선한 신들을 청하는 진언)

옴 구로다 살바 디바나 사바하

소청염마라왕진언(召請閻魔羅王眞言 : 염라대왕을 청하는 진언)

옴 살바 염마라아 제야 사바하

소청일천진언(召請日天眞言 : 부처님께 귀의한 태양의 신의 진언)

나마 싸만따 붓다남 아디띠야야 쓰와하

소청월천진언(召請月天眞言 : 부처님께 귀의한 달의 신의 진언)

나마 싸만따 붓다남 짠드라야 쓰와하

소청일천자월천자진언(召請日天子月天子眞言 : 일천자와 월천자를 청하는 진언)

나마 싸만따 붓다남 옴 아디띠야야
짠드라야 쓰와하
※ 기존 발음은
나모 사만다 못다남 옴 아녜댜 찬다바야
사바하

소청호법신진언(召請護法神眞言 : 불법佛法을 수호하는 신들을 청하는 진언)

나모 사만다 못다남 옴 마리체 밀야
사바하

제3부 • 신중의 진언

소청지신진언(召請地神眞言 : 부처님께 귀의한 지신을 청하는 진언)

나마 싸만따 붓다남 쁘리티비예 쓰와하
※ 기존 발음은
나모 사만다 못다남 옴 마리제미 사바하

소청일체천룡주(召請一切天龍呪 : 모든 천신과 용을 청하는 진언)

옴 아비사마야 바아례 다라다라 훔

소청제아수라왕진언(召請諸阿修羅王眞言 : 부처님께 귀의한 모든 아수라왕을 청하는 진언)

나모 사만다 못다남 옴 아소라야 라라땀 마람마라 사바하

대성부동명왕자구진언(大聖不動明王慈救眞言 : 비로자나 부처님의 화신인 부동명왕이 자비심으로 중생을 구호하는 진언)

나마 싸만따 바즈라남 짠다 마하로사나 스파따야 훔 뜨라까 함 맘

보례성중 진언(普禮聖衆眞言 : 모든 성중께 절하는 진언)

옴 살바 다타아다 바나만나남 가로메

제4부
경전 속의 진언

제4부 경전 속의 진언

비로자나총귀진언(毘盧遮那總歸眞言 : 모든 불교의 대의를 총괄적으로 모아 놓은 진언)

나무 시방삼세 일체제불 나무 시방삼세 일체존법 나무 시방삼세 일체보살 나무 시방삼세 일체현성
오호지리 바라지리 리제미제기사은제지 바라타니 옴불나지리익 오공사진 사타해 바사달마사타해 아라바좌나
원각승좌도진나 사공사진 사타해
나무항하사아승지불 무량삼매 보문삼매 옴바마나사타바 탁타니아나
나무아심타아심타자십도류사바하
나무옴아밀리다다바베 사바하
나무이바이바제 구하구하제 다라니제 니하라제 비니마니제 사바하

법화경(法華經)의
다섯 가지 신주(神呪)

약왕보살 다라니(藥王菩薩陀羅尼 : 법화경 다라니품에 나오는 진언으로서 약왕보살께서 법화경 법사를 지켜주시는 진언)

아니예 마니예 마네 마마네 찌떼 짜리떼
싸메 싸미따 비산떼 묵떼 묵따메 싸메
아비사메 싸마 싸메 자예 끄사예 악사예
악시네 산떼 싸미떼 다라니 알로까바세
쁘라띠야벡사니 니디루
아비얀따라니비스떼
아비얀따라빠리숫디 웃꿀레 뭇꿀레
아라데 빠라데 쑤깐끄시 아싸마싸메
붓다빌로끼떼 다르마빠릭시떼
쌍가니르고사니 니르고사니
바야바야비소다니 만뜨레 만뜨락사야떼
루떼 루따까우살리예 악사예

악사야바나따예 박꿀레 발로다
아마니야나따예 쓰와하

※ 기존 발음은

안니 만니 마네 마마네 지례 차리체 샤먀
샤리다위 선제 목제 목다리 사리
아위사리 상리 사리 사예 아사예 아기니
선제 샤리 다라니 아로가
바사파자비사니 네비데 아변다라네리데
아단다바례수디 구구례 모구례 아라례
바라례 수가차 아삼마삼리 붓다
비기리구데 달마바리차데 싱가녈구사네
바사바사수지 만다라 만다라사야다
우루다 우루다교사랴 악사라 악사
야다야 아바로 아마야나다야

용시보살 다라니(勇施菩薩陀羅尼 : 법화경 다라니품에 나오는 진언으로서 용시보살께서 법화경을 읽고 외우고 받아 지니는 이를 보호하기 위하여 말씀하신 진언)

즈발레 마하즈발레 욱쎄 뚝쎄 묵쎄 아데
아다바띠 느리띠예 느리띠야바띠 이띠니
비띠니 찌띠니 느리띠야니 느리띠야바띠
쓰와하

※ 기존 발음은

자례 마하자례 욱기 목기 아례 아라바제
널례제 널례다바제 이디니 위디니
지디니 널례지니 널례지바디

비사문천왕 다라니(毘沙門天王陀羅尼 : 법화경 다라니품에 나오는 진언으로서 비사문천왕이 법화경 법사와 법화경을 받아 지니는 이를 지키기 위하여 말씀하신 진언)

아떼 나떼 뚜나떼 아나데 나디 꾸나디
쓰와하

※ 기존 발음은

아리 나리 노나리 아나로 나리 구나리

제4부 • 경전 속의 진언

지국천왕 다라니(持國天王陀羅尼 : 법화경에 나오는 진언으로 지국천왕이 법화경을 지니는 이를 지키는 진언)

아가네 가네 가우리 간다리 짠달리
마땅기 뿍까씨 쌍꿀레 브루쌀리 아띠
쓰와하
※ 기존 발음은
아가네 가네 구리 건다리 전다리 마등기
상구리 부루사니 알디

나찰녀 다라니(羅刹女 陀羅尼 : 법화경에 나오는 진언으로서 열 명의 나찰녀들이 법화경을 읽고 외우고 받아 지니는 이를 수호하고 재앙과 질병, 악몽을 없애주는 진언)

이띠메 이띠메 이띠메 이띠메 이띠메
니메 니메 니메 니메 니메 루헤 루헤
루헤 루헤 쓰뚜헤 쓰뚜헤 쓰뚜헤 쓰뚜헤
쓰뚜헤 쓰와하

※ 기존 발음은
이디리 이디미 이디리 아디리 이디리
니리 니리 니리 니리 니리 루혜 루혜
루혜 루혜 다혜 다혜 다혜 도혜 누혜

반야심경(般若心經)의 진언

반야바라밀다주(般若波羅蜜多呪 : 반야심경에 나오는 유명한 진언. '반야심주般若心呪'라고도 한다. 진언의 뜻은 '가는 이여, 가는 이여, 저 기슭에 다다른 이여, 저 기슭에 가신 이여, 깨달음을 이루어지이다.')

가떼가떼 빠라가떼 빠라쌍가떼 보디 쓰와하
※ 기존 발음은
아제아제 바라아제 바라승아제 모지 사바하

대반야경(大般若經)의 진언

대반야이취신주(大般若理趣神呪 : 대반야경 이취분에 나오는 진언. 이 진언과 함께 아래의 '반야다라니'와 '대반야경 신주'를 이어서 외워도 된다.)

나모 바가바떼 프랑냐빠라미따예
바끄리바즈라예 아빠리미따구나예
싸르와 따타가따 빠리뿌지따예 싸르와
따타가따누 즈냐누즈냐따 비즈냐따예
따디야타 쁘라즈녜 쁘라즈녜
마하쁘라즈녜 쁘라즈냐바싸까레
쁘라즈냐로까레 안다까라 비다마네 씻데
쑤씻데 씨단뚜 맘바가바띠 싸르왕가
쑨다레 박띠브스즈레 쁘라싸리따 하쓰떼
싸마스와싸까레 붓다 붓다 씻다 씻다
깜빠 깜빠 짜레 짜레 라바 라바 아가차
아가차 바가바땀 아비람바 쓰와하

→ 이 신주는 모든 부처님의 어머니로서 과거 현재 미래의 모든 부처님께서 함께 말씀하시고 함께 호념護念하시는 것이다. 이 신주를 받아 지니는 이는 모든 장애가 사라지고, 마음에 원하는 대로 이루지 못하는 것이 없고, 업장이 사라지며, 위없는 바른 깨달음을 속히 얻을 것이다.

- 대반야경

반야다라니(般若陀羅尼 : 대반야경에 나오는 진언으로서, 부처님의 반야 지혜에 귀의하며 찬양하는 진언이다.)

나모 바가바떼 쁘랑냐빠라미따예
따디야타 무니다르메 쌍그라하다르메
아누그라하다르메 비묵띠다르메
싸다누그라하다르메
바이스라마나다르메
싸만따누빠리 바르따나다르메
구나쌍그라하다르메 싸르와까라
빠리뿌르나다르메 쓰와하

제4부 • 경전 속의 진언

대반야경 신주(大般若經神呪 : 대반야경에 나오는 진언으로서, 반야바라밀에 귀의하는 진언)

나모 바가바떼 쁘랑냐빠라미따예
따디야타 스리예 스리예 스리예
스리예쎄 쓰와하

열반경(涅槃經)의 진언

제멸포외주(除滅怖畏呪 : 열반경에 나오는 진언으로서, 이 진언을 외우면 외도外道를 항복받고 자신과 정법을 지키며 모든 두려움에서 벗어나게 된다.)

도지 타타라도지 로가예 마하로가예
아라 차라 다라 사바하

능가경(楞伽經)의 진언

능가경 다라니(楞伽經陀羅尼 : 능가경에 나오는 진언으로서, 번뇌의 때를 벗기고 마음을 눈처럼 하얗게 정화하는 진언)

아마레 아마레 비마레 비마레 히메히메

대일경(大日經)의 진언

일체불정진언(一切佛頂眞言 : 대일경에 나오는 진언으로서, 모든 부처님께 목숨 바쳐 귀의하는 진언)

나마 싸만따 붓다남 밤 밤 훔 훔 받다 쓰와하

금강경(金剛經)의 진언

금강반야진언(金剛般若眞言 : 부처님과 반야바라밀다에 귀의하며, 이 가르침을 잘 들어 자유자재한 경지에 이르게 되기를 기원하는 진언)

나모 바가바떼 쁘랑냐 빠라미따예 옴
이리띠 이스리 스로뜨라 비사야 비사야
쓰와하

※ 기존 발음은

나모 바가바제 바리야바라밀다예 다냐타
옴 흐리지리시리수로 지삼미률지 비사예
사바하

인왕경(仁王經)의 진언

인왕반야다라니(仁王般若陀羅尼 : 비로자나 부처님과 보현보살, 반야바라밀을 찬탄하는 다라니)

나모 라뜨나 뜨라야야 나마 아리야
바이 로짜나야 따라가따야아르하떼
싸먁쌈붓다야 나나 아리야
싸만따바드라야 보디싸뜨와야
마하싸뜨와야 마하까루니까야 따디야타
즈냐나쁘라디뻬 악사야꼬세
쁘라띠바나바띠 싸르와 붓다 아발로끼떼
요가 빠리니스빤네 감비라 두라바가헤
뜨리 아드와 빠리니스빤네 보디찌따
쌍자나니 싸르와 아비세까비식떼 다르마
싸가라 쌈부떼 아모가 스라바네
마하싸만따바드라 부미 니르야떼
비야까라나 빠리쁘랍따네 싸르와씻다
나마쓰끄리떼 싸르와 보디싸뜨와
쌍자나니 바가바띠 붓다마떼 아라네
아까라네 아라나까라네
마하쁘랑냐빠라미떼 쓰와하

제4부 • 경전 속의 진언

능엄경(楞嚴經)의 진언

대불정수능엄신주(大佛頂首楞嚴神呪 : 능엄경에 나오는 진언으로서, 위대한 부처님의 정수리에서 뻗어나온 광명 속의 화신불께서 말씀하신 신비한 진언. 한국불교에서는 예로부터 참선 중에 마장魔障을 없애기 위해 지송해 왔다. 제목의 원음은 '사따타따가따 우스니사 씨따따빠뜨라 아빠라지따 프라띠앙기라 다라니')

나마쓰 따타쑤가따야 아르하떼
싸먁쌈붓다야 싸띠야따 붓다꼬띠스니쌈
나마 싸르와붓다 보디싸뜨웨비야
나마 쌉따남 싸먁쌈붓다꼬띠남
싸스라바까 쌍가남 나모 로께아르하따남
나마 쓰로따빤나남 나마 싸끄리다가미남
나모 아나가미남 나모 로께 싸먁가따남
싸먁쁘라띠빤나남 나모 데바르씨남
나마 씰디 비디야 다라르시남

사빠누그라하 싸마르타남
나모 브라흐마네 나마 인드라야
나모 바가바떼 루드라야 우마빠띠
싸히따야
나모 바가바떼 나라야나야 빵짜
마하무드람 나마스끄리띠야
나모 바가바떼 마하깔라야 뜨리뿌라
나가라 비드라바나 까라야 아디묵띠까
스마사나니바씨네 마드리가남
나마쓰 끄리띠야
나모 바가바떼 따타가따꿀라야
나마 빠드마꿀라야 나모 바즈라꿀라야
나모 마니꿀라야 나모 가자꿀라야
나모 바가바떼 드리다수라 쎄나
쁘라하라나 라자야 따타가따야
나모 바가바떼 아미따바야 따타가따야
아르하떼 싸먁쌈붓다야
나모 바가바떼 악소비야 따타가따야
아르하떼 싸먁쌈붓다야

제4부 • 경전 속의 진언

나모 바가바떼 바이사지야구루
바이두리야 쁘라바라자야 따타가따야
아르하떼 싸먁쌈붓다야
나모 바가바떼 쌍꾸쓰미따 쌀렌드라
라자야 따타가따야 아르하떼
싸먁쌈붓다야
나모 바가바떼 사끼야무니예 따타가따야
아르하떼 싸먁쌈붓다야
나모 바가바떼 라뜨나께뚜 라자야
따타가따야 아르하떼 싸먁쌈붓다야
떼비요 나마쓰 끄리띠야 에따드
바가바띠 싸따타가또스니삼
씨따따빠뜨람
나마 빠라지땀 쁘라띠양기라 싸르와
부따 그라하니그라하 까라니 빠라비디야
체다니 아깔라므리띠유빠리 뜨라야나
까리 싸르와 반다나 목사니 싸르와
두스따 두후쓰왑 나니바라니
짜뚜라시띠남 그라하 싸하쓰라남

비드왕싸나까리 아스따빔 사띠남
낙사뜨라남 쁘라싸다나까리 아스따남
마하그라하남 비드왕싸나 까리
싸르와 사뜨루니바라니 구람 두스왑나남
짜 나사니 비 싸 사쓰뜨라 아그니 우다까
우따라니 아빠라지따구라 마하쁘라짠다
마하딥따 마하떼자하 마하스웨따 즈왈라
마하발라 빤다라 바씨니 아리야
따라브리꾸띠 짜이바 비자야 바즈라말라
비스루따 빠드마까 바즈라 지화 짜
말라짜이바 아빠르 아지따 바즈라단디
비살라 짜 산따 비데하 뿌지따 싸우미야
루빠 마하스웨따 아리야따라 마하발라
아마라 바즈라쌍깔라 짜이바 바즈라
꾸마리 꿀라다리 바즈라하스따 짜
비디야 깡짜나 말리까 꾸숨바 라뜨나
바이로짜나 끄리야 아르또스니사
비즈림바마나 짜 바즈라 까나까 쁘라바
로짜나 바즈라 뚠디 짜 스웨따 짜

201

까말락사 사시쁘라바 이띠 에떼 무드라
가나하 싸르웨락 삼 꾸르완뚜 이땀
마마씨야 옴 리시가나 쁘라사쓰따
따타가또쓰니싸 훔 뜨룸 잠바나 훔 뜨룸
쓰땀바나 훔 뜨룸 잠바나 훔 뜨룸
쓰땀바나 훔 뜨룸 빠라 비디야 쌈박싸나
까라 훔 뜨룸 싸르와 약사 락사싸
그라하남 비드왕싸나까라 훔 뜨룸
짜뚜라시띠남 그라하 싸하쓰라남
비드왕싸나까라 훔 뜨룸 락사 락사
바가반 따타가또스니사 쁘라띠양기레
마하싸하쓰라부제 싸하쓰라시르세 꼬띠
싸하쓰라 네뜨레 아베디야즈왈리따
나따께 마하바즈라다레 뜨리부바나
만달레 옴쓰와쓰떠르 바바뚜 이땀
마마시야 라자바야뜨 쪼라바야뜨
아그니바야뜨 우다까바야뜨 비사바야뜨
사쓰뜨라바야뜨 빠라짜꾸라바야뜨
두르빅싸바야뜨 아사니바야뜨

아깔라므리띠유바야뜨 다라니부미
깜빠바야뜨 울까쁘 아따바야뜨
라자단다바야뜨 나가바야뜨
비디유뜨바야뜨 쑤빠르니바야뜨
약사그라하뜨 락사싸그라하뜨
쁘레따그라하뜨 삐사짜그라하뜨
부따그라하뜨 꿈반다그라하뜨
뿌따나그라하뜨 까따뿌따나그라하뜨
쓰깐다그라하뜨 아빠쓰마라그라하뜨
운마다그라하뜨 차야그라하뜨
레바띠그라하뜨 자따하리니야하 가르바
하리니야하 루디라하리니야하
맘싸하리니야하 메다하리니야하
오자하리니야하 맛자하리니야하
지비따하리니야하 바따하리니야하
반따하리니야하 아수찌야하리니야하
찌따하리니야하 떼삼싸르웨삼
싸르와그라하남 비디얌 체다야미
낄라야미 빠리브라자까끄리땀 비디얌

체다야미 낄라야미 다끼니 끄리땀 비디얌
체다야미 낄라야미 마하 빠수빠띠
루드라 끄리땀 비디얌 체다야미
낄라야미 나라야나 끄리땀 비디얌
체다야미 따뜨 뜨와가루다 사하야 끄리땀
비디얌 체다야미 낄라야미
마하깔라마뜨르가 나 끄리땀 비디얌
체다야미 낄라야미 까빨리까 끄리땀
비디얌 체다야미 낄라야미 자야까라
마두까라 싸르와르타 싸다나 끄리땀
비디얌 체다야미 낄라야미 짜뚜르바기니
끄리땀 비디얌 체다야미 낄라야미
브링기리띠 난디께스와라
가나빠띠 싸하야 끄리땀 비디얌 체다야미
낄라야미 나그나 스라마나 끄리땀
비디얌 체다야미 낄라야미 아르하뜨
끄리땀 비디얌 체다야미 낄라야미
비따라가 끄리땀 비디얌 체다야미
낄라야미 바즈라빠니 구히야까디빠띠

끄리땀 비디얌 체다야미 낄라야미 락사
락사 맘 바가반 이땀 마마씨야 바가반띠
시따따빠뜨레 나모 쓰뚜떼
아씨따날라르까 쁘라바쓰푸따
비까씨따따빠뜨레 즈왈라 즈왈라 달라
달라 비달라 비달라 체다 체다 훔 훔
파뜨 파뜨 파뜨 파뜨 파뜨 쓰와하 헤 헤
파뜨 아모가야 파뜨 아쁘라띠하따야
파뜨 바라쁘라다야 파뜨
아쑤라비드라바까야 파뜨 싸르와
데베비야하 파뜨 싸르와 약쎄비야하
파뜨 싸르와 간다르베비야하 파뜨
싸르와 아쑤레비야하 파뜨 싸르와
가루데비야하 파뜨 싸르와 낌나레비야하
파뜨 싸르와 마호라게비야하 파뜨
싸르와 락사쎄비야하 파뜨 싸르와
마누쎄비야하 파뜨 싸르와 아만쎄비야하
파뜨 싸르와 아마누쎄비야하 파뜨
싸르와 뿌따네비야하 파뜨 싸르와 까따

뿌따네비야하 파뜨 싸르와
두를랑기떼비야하 파뜨 싸르와
두스쁘렉시떼비야하 파뜨 싸르와
즈와레비야하 파뜨 싸르와
빠쓰마레비야하 파뜨 싸르와
스마라네비야하 파뜨 싸르와
띠르띠께비야하 파뜨 싸르와
운마데비야하 파뜨 싸르와
비디야다레비야하 파뜨 자야까라
마두까라 싸르와르타 싸다께비야하 파뜨
비디야짜리예비야하 파뜨 짜뚜르바기니
비야하 파뜨 바즈라 꾸마리
비디야라제비야하 파뜨
마하쁘라띠양기레비야하 파뜨 바즈라
쌍깔라야 쁘라띠양기라 라자야 파뜨
마하깔라야 마하마뜨리가 나 나마쓰
끄리따야 파뜨 비스누비예 파뜨
(바이쓰나비예 파뜨)[80] 브라마네 파뜨
(브라마니예 파뜨) 아그니예 파뜨

(아그나이예 파뜨) 마하깔라야 파뜨
(마하깔리예 파뜨) 깔라단다야 파뜨
(마뜨레 파뜨) 인드라야 파뜨
(아인드리예 파뜨) 짜문다야 파뜨
루드라야 파뜨(라우드리예 파뜨) 깔라르
아뜨라이예 파뜨 까빨리네 파뜨
아디묵띠까 스마사나 바씨니예 파뜨 예
께찌 드 싸뜨와하 두스따 찌따하
(빠빠 찌따하) 라우드라 찌따하
(비드웨싸 찌따하 아마이뜨라 찌따하)
오자하라하 가르바하라하 루디라하라하
맘사하라하 맛자하라하 자따하라하
지비따하라하 발리야하라하 간다하라하
뿌스빠하라하 팔라하라하 싸씨야하라하
빠빠 찌따하 두스따 찌따하 라우드라
찌따하 드라 찌따하 약사그라하
락사싸그라하 쁘레따그라하

---

80) 이하 ( ) 안의 진언은 한역본에 빠져 있는 부분을 산쓰끄리뜨어 원본에서 보충한 것이다.

삐사짜그라하 부따그라하 꿈반다그라하
쓰깐다그라하 운마다그라하 차야그라하
아빠쓰마라그라하 다까다끼니그라하
레바띠그라하 자미까그라하
사꾸니그라하 마뜨리난디까그라하
알람바그라하 깐타빠니그라하 즈와라
에까힉까 드바이띠야까 뜨리띠야까
짜뚜르타까 니띠야 즈와라 비쓰마라
바띠까 빠이띠까 슬레스미까 싼니빠띠까
싸르와 즈와라 시로 르띠
아르다바베다까 악씨로가 무카로가
흐리드로가 갈라까슐람 까르나슐람
단따슐람 흐리다야슐람 마르마슐람
빠르스와슐람 쁘리스타슐람 우다라슐람
까띠슐람 바쓰띠슐람 우루슐람 장가슐람
하쓰따슐람 빠다슐람 싸르왕가
쁘라띠양가슐람 부따베따다
다끼니즈와라 다드루 깐두 끼뜨 이바
루따 비싸르빠 로하링가 수사 뜨라싸나

까라 비사요가 아그니 우다까 마라비라
깐따라 아깔라 므리띠유 뜨리얌부까
뜨라일라따 브리 스찌까 싸르빠 나꿀라
씽하 비야그라 릭사 따락사 짜마라
지바쓰 떼삼 싸르웨 삼 씨뜨 아따빠뜨라
마하 바즈로쓰니싸 마하쁘라띠 양기라
야바뜨 드와다사 요자나비얀 따레나
비디야 반담 까로미 디사반담 까로미
빠라 비디야 반담 까로미 따디야타 옴
아날레 아날레 비사데 비사데 비라
바즈라 다레 반다 반다네 바즈라 빠네
파뜨 훔 뜨룸 파뜨 쓰와하

→ 만일 지난 세상의 습기習氣를 없애지 못하거든 그 사람으로 하여금 나의 '불정광명 마하살달 다반달라 무상신주(능엄신주)'를 일심으로 외우게 하라. 이것은 부처님의 정수리에 계시는 무위심불無爲心佛이 정수리에서 광명을 내며 보배 연꽃에 앉아서 말씀하신 마음의 진언이다.

제4부 • 경전 속의 진언

 이 진언은 시방十方의 모든 부처님을 낳는 진언이니, 시방의 부처님께서 이 진언으로 말미암아 위없이 바른 깨달음을 이루신다. 시방의 부처님께서 이 진언을 잡고 모든 마군을 항복받고 외도를 제압하신다. 시방의 부처님께서 이 진언을 타고 보배 연꽃에 앉아 먼지처럼 무수한 국토에 화현하신다. 시방의 부처님께서 이 진언을 머금고 먼지처럼 무수한 국토에서 대법륜大法輪을 굴리신다. 시방의 부처님께서 이 진언을 지니고 시방의 보살들에게 미래에 부처가 되리라는 예언인 수기授記를 하신다.

 시방의 부처님께서 이 진언에 의하여 시방에서 여러 가지 고통을 구제하시니, 지옥의 고통, 아귀의 고통, 축생의 고통, 눈 멀고 귀 멀고 말 못하는 고통, 원수와 만나는 고통, 사랑하는 이와 헤어지는 고통, 구하는 것을 얻지 못하는 고통, 오음五陰이 치성하여 생기는 고통, 크고 작은 횡액 등을 동시에 해탈하게 한다. 그리고 도적의 난과 전쟁의 난, 임금의 난, 감옥의 난, 바람과 불과 물 난리, 기갈과 빈곤이 한 생각 사이에 사라진다.

시방의 부처님께서 이 진언을 외워 위없는 깨달음을 이루시고 보리수 아래 앉아 대열반에 드신다.

시방의 부처님께서 이 진언을 전하여 열반 후에 불법을 부촉하여 끝까지 지키게 하시며 계율을 엄정하고 깨끗이 지키게 하신다.

모든 세계의 여러 나라에 있는 중생들은 그 나라에서 나는 종이나 천에 이 진언을 써서 향주머니에 넣어 두어야 하며, 이 사람이 마음이 어둡고 둔하여 외울 수 없다면 몸에 지니거나 집안에 써 두면 평생에 어떠한 독도 그를 해치지 못한다.

이 진언은 세상 사람들을 구호하여 두려움을 없애 주며 중생이 세간으로부터 벗어나는 지혜를 이루게 한다.

내가 열반에 든 뒤 말세의 중생들이 스스로 이 진언을 외우거나 남을 시켜 외우면 이 중생은 불에 타지 않고 물에 빠지지 않으며, 크고 작은 독에 중독되지 않으며, 용이나 하늘, 귀신, 정령, 마

제4부 • 경전 속의 진언

군들의 사악한 주술에 걸리지 않는다. 또 마음에 올바른 삼매를 얻어 온갖 저주와 독충과 금은독과 초목의 벌레나 뱀 등의 독에 중독되어도 도리어 감로맛으로 변할 것이다.

 이 진언을 외우면 항상 팔만사천 나유타 모래처럼 무수한 금강장왕 보살 종족이 수많은 금강의 무리들과 함께 밤낮으로 따라다니며 호위할 것이다.

 어떤 중생이 설혹 삼매가 아닌 산란한 마음으로 기억하거나 외우더라도 이 금강장왕보살이 항상 따라다니며 호위한다. 더욱이 보리심이 굳건한 이는 이 금강장왕보살이 신통력으로 가피하여 그의 마음이 열리게 한다.

 믿음이 좋은 남녀가 이 진언을 읽거나 외우거나 쓰거나 그리거나 휴대하거나 간직하며 여러 가지 공양을 하면, 빈궁하고 하천하고 좋지 못한 곳에 태어나지 않게 된다.

 이 중생들이 비록 자신이 복을 짓지 못했더라도 시방의 부처님이 가지고 계신 공덕을 이 사람에게 줄 것이다. 그리하여 모래처럼 무수한 겁 동안 늘 모든 부처님과 한곳에 날 것이다.

이 사람이 이 진언을 지니는 때에는 비록 진언을 지니기 전에 계율을 어겼더라도 진언을 지닌 후에는 계율을 깬 모든 죄가 가볍건 무겁건 일시에 사라진다. 그리고 비록 술을 먹고 오신채(파, 마늘, 달래, 부추, 홍거)를 먹어서 부정하더라도 모든 부처님과 보살들과 금강장왕과 하늘, 선인, 귀신들이 허물로 삼지 않는다.

만일 오역죄五逆罪와 무간죄無間罪와 비구의 사중죄四重罪와 비구니의 여덟 가지 죄를 지었더라도 이 진언을 지니고 외우면 이러한 죄업이 강풍에 모래 날리듯 모두 사라져 털끝만큼도 남지 않을 것이다.

만일 중생이 한량없는 겁 동안 지은 모든 가볍고 무거운 죄업을 지난 세상부터 참회하지 못했더라도 이 진언을 읽거나 외우거나 쓰거나 그리거나 몸에 차거나 집안에 두면, 이런 업장이 끓는 물에 눈 녹듯 사라지고 머지 않아 무생법인(無生

法忍 : 깨달음)을 얻게 될 것이다.

또 어떤 여인이 아기를 낳지 못하여 낳기를 원하는 이가 지극한 마음으로 이 진언을 기억하거나 몸에 차면 복스럽고 지혜로운 아들 딸을 낳을 것이다. 그리고 과보가 빨리 이루어지기를 구하면 빨리 이루어질 것이며, 건강한 몸과 수명과 힘을 얻을 것이며, 죽은 뒤에는 소원대로 시방의 정토淨土에서 태어날 것이며, 결코 변두리나 하천한 곳에 태어나지 않을 것이다.

만일 나라와 고을과 마을에 흉년이 들고 질병이 돌며 전쟁과 도적의 난리와 싸움과 재난이 있을 적에 이 진언을 써서 사대문이나 묘탑이나 당간(깃대)에 모시거나, 그 나라에 사는 중생들로 하여금 이 진언을 받들어 예배하고 공경하며 일심으로 공양하게 하거나, 그 나라 사람들이 저마다 몸에 차거나 집안에 모시게 하면 모든 재난이 다 사라질 것이다.

그러므로 부처님이 이 진언을 말하여 미래의 세상에 불법을 처음 배워 수행하는 이를 보호하여 삼매에 들게 하되 몸과 마음이 아주 편안하게 하노라. 이 진언을 외우면 다시는 마군과 귀신이 없게 되고 끝없는 옛적부터 맺은 원수와 재앙과 묵은 빚에 괴로움 당하는 일이 없을 것이다.

- 능엄경

대불정여래밀인수증요의제보살만행수능엄신주(大佛頂如來密因修證了義諸菩薩萬行首楞嚴神呪 : 부처님께서 사악한 주문에 걸려 여인의 유혹을 받은 아난다 스님을 구하시기 위해 수능엄삼매 가운데서 말씀하신 진언으로서, 절에서 아침에 외우는 '4대주四大呪'의 하나.)

다냐타 옴 아나레 비사제 비라 바아라
다리 반다반다니 바아라 바니반 호흠
다로옹박 사바하

제4부 • 경전 속의 진언

대불정존승다라니경
(大佛頂尊勝陀羅尼經)의 진언

불정존승다라니(佛頂尊勝陀羅尼 : 원래 이름은 '정제일체악도불정존승다라니淨除一切惡道佛頂尊勝陀羅尼'. 모든 나쁜 세계를 정화하는, 부처님의 정수리처럼 가장 뛰어난 다라니라는 뜻.)

나모 바가바떼 뜨라이로끼야
쁘라띠비시스따야 붓다야 바가바떼
따디야타 옴 비소다야 싸마싸마
싸만타바바싸 스파라나 가띠가하나
쓰와바바 비슛데 아비싱짜뚜 맘 쑤가따
바라바짜나 므리따비세까이르
마하만뜨라 빠다이르 아하라 아하라
아유 싼다라니 소다야소다야
가가나비슛데 우스니사 비자야비슛데
싸하쓰라 라스미 쌍쪼디떼
싸르와따타가따 발로까니 사뜨빠라미따

빠리뿌라니 싸르와 따타가따 흐리다야
디스타나디 스리떼 마하무드레
바즈라까야 쌍하따나비숫데 싸르와
바라나바야 두르가띠 빠리비숫데
쁘라띠니바르따야 아유숫데
싸마야디스리떼 마니마니 마하마니
따타따 부따 꼬띠 빠리숫데 비쓰푸따
붓디숫데 자야 자야 비자야 비자야
쓰마라 쓰마라 싸르와붓다 디스리따숫데
바즈리 바즈라 가르베 바즈람 바바뚜
마마 사리람 싸르와 사뜨와낭스 짜 까야
빠리비숫데 싸르와가디 빠리숫데 싸르와
따타가따스 짜 메 싸마스와싸얀뚜
싸르와 따타가따 싸마스와싸디스리떼
부디야 부디야 비부디야 비부디야
보다야 보다야 비보다야 싸만따
빠리숫데 싸르와 따타가따 흐리다야
디스타나디스리따 마하무드레 쓰와하

※ 기존 발음은

나모 바아바제 다래루갸 바라디
미시따야 못다야 바아바제 다냐타 옴
미슈다야 미슈다야 사마사마 사만다
바바사 빠라나 아제아하나 빠바바미슈제
아비신자 도맘 소아다 바라바자나
아미리다 비새제 아하라 아하라
아유산다라니 슈다야 슈다야 아아나
미숫제 오니사미 아야미숫제 사하사라
라사명 산조니제 살바다타아다 바루가니
사다바라미다바리보라니
살바다타아다흐리나야 디따나 디따다
마하모나라 바아라가야 싱하다나 미숫제
살바바라나바야 놀아디 바리숫제
바라디니 바라다야 아유숫제 사마야
디떼제 마니마니 마마니 다단다
보다구디 바리숫제 미뽀타 모디숫제
아야아야 미아야미아야 사마라사마라
살바못다 디따다 숫제 바아레

바아례 알베 바아람 바바도 마마샤
샤리람 살바사다바난자 가야 바리숫제
살바아디 바리숫제 살바다타아다 시자명
사마사바 사연도 살바다타아다 사마빠사
디띠제 못쟈못쟈 미모다야 미모다야
삼만다 바리숫제 살바다타아다 흐리나야
디따나 디띠다 마하모나례 사바하

→ 이 다라니는 모든 나쁜 세계를 깨끗하게 하며, 생사와 번뇌를 없애 주며, 모든 지옥의 고통과 염라왕 세계의 고통과 축생의 고통을 면하게 해주며, 지옥을 깨서 그곳의 중생들이 좋은 세계로 갈 수 있게 해 준다. … 어떤 사람이 목숨을 마치려 할 때에 잠시라도 이 다라니를 생각하면 수명이 늘어나고, 몸과 말과 뜻이 청정해져서 몸에는 고통이 없고, 가는 곳마다 편안할 것이다. 모든 부처님이 보살펴 주시고 천신들이 항상 지켜 줄 것이다. 남에게 공경을 받을 것이며, 나쁜 업장이 사라지고 모든 보살들이 한마음으로 도와줄

것이다. … 만약 어떤 사람이 이 다라니를 써서 높은 당기幢旗 위나 높은 산이나 다락 위에 두거나 탑 속에 모시어, 비구, 비구니, 우바새, 우바이와 일반 남녀들이 당기를 눈앞에서 보거나 멀리서 바라보거나, 서로 가까워 그 그림자가 몸에 비추거나, 혹은 다라니에 바람이 불어 다라니에 묻은 먼지가 날아와 몸에 붙기만 하여도, 그 중생들은 지은 죄업으로 나쁜 세계에 떨어져 받아야 할 악도의 고통을 전혀 받지 않고, 또한 죄의 때에 물들거나 더러워지지 않을 것이다.

[외우는 법]

먼저 목욕하고 나서 깨끗한 새 옷으로 갈아 입고 보름날 재계齋戒를 지키며 이 다라니를 외운다. 이렇게 천 번을 채우면 중생이 장수하고 병고에서 벗어나게 되며, 모든 업장이 사라지고 일체 지옥의 고통에서 벗어나게 될 것이다.

또 날마다 이 다라니를 21번씩 외우면 수명이 늘어나고 뛰어난 즐거움을 누릴 것이며, 목숨을

마친 뒤에는 곧 미묘한 부처님 세계에 태어날 것이다. - 대불정존승다라니경

불정존승 중주(佛頂尊勝中呪 : 불정존승다라니를 간략히 줄인 진언)

나마 싸만따 붓다남 아람 비끼라나 부쓰 우쓰니싸 쓰와하

불정존승 소주(佛頂尊勝小呪 : 불정존승다라니를 짧게 줄인 진언)

나마 싸만따 붓다남 쓰와하

제5부
일상생활 속의 진언

1. 신행 생활
2. 업장 소멸
3. 소원 성취
4. 공양(식사) 때
5. 화장실에서
6. 병 치유와 호신

제5부 일상생활 속의 진언

1. 신행 생활

귀의삼보진언(歸依三寶眞言 : 삼보 즉 부처님과 부처님의 가르침과 승가에 귀의하는 진언)

나모라 다나 다라야야 옴 복캄

귀의삼보주(歸依三寶呪 : 삼보께 귀의하는 진언)

나모 붓다야 구라베 나모 다르마야
다연니 나모 싱가야 마하디 시드리표
비시다다나모

➜ 이 진언을 외우면 태어나는 곳마다 항상 삼보를 만나게 된다. - 종종잡주경(種種雜呪經)

보례진언(普禮眞言 : 모든 부처님께 예배하는 진언)

옴 싸르와 따타가따 뿌다 반다남 까로미

보례삼보진언(普禮三寶眞言 : 시방삼세十方三世 삼보 즉 부처님과 가르침과 승가에 예배하는 진언)

옴 싸르와붓다야 옴 싸르와다르마야 옴 싸르와상가야

※ 기존 발음은
옴 살바못다야 옴 살바달마야 옴 살바승가야

소청삼보진언(召請三寶眞言 : 삼보를 청하는 진언)

나모 못다야 오나볘 나모 달마야 다야미
나모 싱가야 마하제 다리약 미싯다다
나모 오스니사 다라니 마하 만나라 싯디
옴 바아라 라다나 소바아라 다바아라
아가샤 마하마니 아가샤 아라바 바아라
라아 나모 소도제

면견시방제불진언(面見十方諸佛眞言 : 시방의 모든 부처님을 뵙고자 발원하는 진언)

옴 사라사라 바아라 가라 훔바닥

예배멸죄명종제불래영주(禮拜滅罪命終諸佛來迎呪 : 부처님께 예불하며, 목숨을 마칠 때 부처님께서 맞이해 주시기를 기원하는 진언)

나모 모다야 오모 호로호로 사다로자니
사라바라타 사다니 사바하

보시바라밀 보살진언(布施波羅蜜菩薩眞言 : 보시바라밀을 완성하신 부처님께 귀의하는 진언)

옴 바가바띠 다나디빼띠 비스리자
뿌라야 다남 쓰와하

지계바라밀 보살진언(持戒波羅蜜菩薩眞言 : 지계바라밀을 완성하신 부처님께 귀의하는 진언)

옴 실라 다라니 바가바띠 훔 하

인욕바라밀 보살진언(忍辱波羅蜜菩薩眞言 : 인욕으로 모든 장애를 부순 부처님께 귀의하는 진언)

옴 바가바떼 끄싼띠 다리니 훔 파트

정진바라밀 보살진언(精進波羅蜜菩薩眞言 : 정진바라밀을 완성하신 부처님께 귀의하는 진언)

옴 비리야 까리 훔 비리예 비리예 쓰와하

선정바라밀 보살진언(禪定波羅蜜菩薩眞言 : 선정바라밀을 완성하신 부처님께 귀의하는 진언)

옴 바가바떼 싸르와 빠빠 하리니 마하 나이떼예 훔 훔 훔 파뜨

지혜바라밀 보살진언(智慧波羅蜜菩薩眞言 : 지혜바라밀을 완성하신 부처님께 귀의하는 진언)

옴 마마 즈냐나 까리 훔 쓰와하

보시진언(布施眞言 : 바다와 같은 보시바라밀로 널리 평등하게 공양하고자 발원하는 진언)

옴 싸르와 따타가따 마하 바즈로드바바
다나빠라미따 뿌자 메가싸무드라
스파라나 싸마예 훔

지계진언(持戒眞言 : 계율을 청정하게 지켜 마음이 고통 번뇌로부터 벗어나고자 발원하는 진언. '지계청정진언' 이라고도 한다.)

옴 싸르와 쁘라띠목사 흐리다야 쓰와하
※ 기존 발음은
옴 살바 바라디목사 하리다야 사바하

정진진언(精進眞言 : 위없이 큰 정진바라밀로 모든 부처님께 널리 공양하고자 발원하는 진언)

옴 싸르와 따타가따 쌈사라
아쁘라띠야키야누따라 마하비리야
빠라미따 뿌자 메가싸무드라 스파라나
싸미예 훔

선정진언(禪定眞言 : 위없이 큰 선정바라밀로 모든 부처님께 널리 공양하고자 발원하는 진언)

옴 싸르와 따타가따 아누따라 마하
쑤카야 비하라 디야나 빠라미따 뿌자
메가 싸무드라 쓰파라나 싸마예 훔

좌선안온주(坐禪安穩呪 : 좌선하기 전에 외우는 진언)

나모 붓다야 나모 다르마야 나모 상가야
다냐타 마하바디리아디바다리
비가다하라아셰 마하비가다하라아셰
사바하

➔ 이 진언은 좌선을 하고자 처음 자리에 앉았을 때 안정되지 못하여 심신이 불안할 때 외우는 진언이다. 이 진언을 일곱 번 외운 뒤 좌선을 하면 흔들림이 없다. - 종종잡주경(種種雜呪經)

다문광학진언(多聞廣學眞言 : 부처님의 가르침을 많이 듣고 널리 배우고자 발원하는 진언)

옴 아하라 살바 미냐 다라 보니제 사바하

제5부 • 일상생활 속의 진언

적정진언(寂靜眞言 : 수행을 완성하여 모든 번뇌의 장애를 불살라 버리고 고요한 열반을 얻고자 발원하는 진언)

나마 싸만따 붓다남 아하 마하산띠가따
산띠까라 쁘라싸마 다르마 니르자따
아바바 싸르와바바다르마 싸만따 쁘랍따
쓰와하

제불가지진언(諸佛加持眞言 : 부처님이 얻으신 깨달음에 굳세게 안주安住하고자 발원하는 진언)

옴 싸르와 따타가따 아비쌈보디 드리다
바즈라 띠스타

성불진언(成佛眞言 : 깨달음을 얻어 부처가 되고자 발원하는 진언)

싸마유함 마하싸마유함

결계진언(結界眞言 : 일정한 지역을 구획하여 수행도량으로 삼고 수행할 때 외우는 진언)

옴 마니미아예 다라다라 훔훔 사바하

쇄향수진언(灑香水眞言 : 향물을 뿌려 도량을 깨끗하게 할 때 외우는 진언)

나무 사만다 못다남 옴 호로호로 전나라 마등기 사바하

정지진언(淨地眞言 : 이 땅을 정화하고자 외우는 진언)

옴 라유바 아타살바 달마

제5부 • 일상생활 속의 진언

분향진언(焚香眞言 : 여섯 가지 공양 가운데 하나인 향 공양을 올리며 외우는 진언으로 향내음이 널리 온누리에 이르기를 기원하는 진언)

옴 도바시쳬 구로 바아리니 사바하
또는
옴 다르마다뜨와누가떼 쓰와하

분향공양진언(焚香供養眞言 : 향 공양을 올릴 때 외우는 진언)

옴 살바다타아다 도바보아 미가
삼모나라 사바라나 삼마예 훔도바바세니
도바바세니 아아나감 사바하

헌향진언(獻香眞言 : 예불할 때 향 공양을 올리며 외우는 진언)

옴 바아라 도비야 훔

헌등진언(獻香眞言 : 여섯 가지 공양 가운데 하나인 등 공양을 올리며 외우는 진언)

옴 바아라 아로기아 훔

헌화진언(獻香眞言 : 여섯 가지 공양 가운데 하나인 꽃 공양을 올리며 외우는 진언)

옴 바아라 보베아 훔

헌과진언(獻菓眞言 : 여섯 가지 공양 가운데 하나인 과일 공양을 올리며 외우는 진언)

옴 바라미숫제 바라사라 훔

헌수진언(獻水眞言 : 맑은 물을 공양할 때 외우는 진언)

옴 살바 오다가야 아라하 사바하

제5부 • 일상생활 속의 진언

헌병진언(獻餠眞言 : 떡을 공양할 때 외우는 진언)

옴 바다마 새리니 사다야 사바하

헌식진언(獻食眞言 : 불전에 음식을 공양할 때 외우는 진언)

옴 바아라 니미디아 훔

화만공양진언(華鬘供養眞言 : 꽃 공양을 올리며 큰 자비의 꽃을 피우신 부처님께 귀의하는 진언)

**나마 싸만따 붓다남 마하마이뜨레야
비유**

일체법평등개오진언(一切法平等開悟眞言 : 모든 부처님께 귀의하며 부처님과 똑같이 모든 진리를 깨닫기를 바라는 진언)

나마 싸만따 붓다남 싸르와 다르마
싸만따쁘랍따 따따가따다가따 쓰와하

회향방편진언(廻向方便眞言 : 자기가 닦은 공덕을 모든 부처님께 공양하면서 이 공양이 구름바다를 이루어 온누리에 똑같이 이익을 가져다 주기를 기원하는 진언 - 대일경 부사의소大日經不思議疏)

옴 싸르와 따따가따 니르야뜨나 뿌자
메가싸무드라 쓰파라나 싸마예 훔

음식진언(飮食眞言 : 모든 번뇌를 그친 진리의 기쁨이라는 음식을 모든 부처님께 공양하면서 자신에게도 참다운 음식을 주시기를 기원하는 진언)

나마 싸만따 붓다남 아라라 까라라 발림
다다미 발림다다미 마하발리 쓰와하

청제여래진언(請諸如來眞言 : 모든 부처님을 청하는 진언)

옴 미보라 바라라례 도로도로 훔훔

청제보살진언(請諸菩薩眞言 : 모든 보살을 청하는 진언)

옴 살바모디 사다야 인혜인혜 사바하

청제현성진언(請諸賢聖眞言 : 모든 성중을 청하는 진언)

옴 아가로 모항 살바 달마나 아냐아녹 다반나다

불삼신진언(佛三身眞言 : 법신불과 보신불과 화신불을 생각하며 외우는 진언)

옴 호철모니 사바하

법삼장진언(法三藏眞言 : 부처님의 가르침이 담긴 경장과 율장과 논장을 생각하며 외우는 진언)

옴 불모규라혜 사바하

승삼승진언(僧三乘眞言 : 성문승과 연각승과 보살승을 생각하며 외우는 진언)

옴 수탄복다혜 사바하

계장진언(戒藏眞言 : 계율을 생각하며 외우는 진언)

옴 흐리부니 사바하

제5부 • 일상생활 속의 진언

발보리심진언(發菩提心眞言 : 깨달음을 구하는 마음을 내게 하는 진언)

옴 모지짓다 못다 바나야 믹 [81]

정결도진언(定決道眞言 : 결정코 깨달음을 얻으리라 서원하며 외우는 진언)

옴 합부리 사바하

혜철수진언(慧徹修眞言 : 지혜를 철저히 닦으리라 서원하며 외우는 진언)

옴 나자바니 사바하

---

81) 조선시대 진언집(망월사 판)에는 '옴 모디지다 모둑바나야미'로 되어 있다.

개법장진언(開法藏眞言 : 진리의 보고인 경전을 여는 진언으로, 모든 경전을 읽기 전에 정구업진언과 함께 외운다.)

옴 아라남 아라다

보협인다라니(寶篋印陀羅尼 : 모든 부처님의 전신 사리의 공덕을 모은 다라니)

나마쓰 뜨리 아드위까남 싸르와
따타가남 옴 부비 바바나바리 바짜리
바짜따이 스루 스루 다라 다라 싸르와
따타가따 다뚜 다리 빠드맘 바바띠
자야바리 무드리 쓰마라 따타가따
다르마 짜끄라쁘라바르따나 바즈리
보디만다 알람까라 알람끄리떼 싸르와
따타가따 디스티떼 보다야 보다야 보디
보디 붓디야 붓디야 쌈보다니 쌈보다야
짤라 짤라 짤람뚜 싸르와바라나니
싸르와빠빠비가떼 후루 후루 싸르와

제5부 • 일상생활 속의 진언

사까 비가따 싸르와 따타가따 흐리다야
바즈람 쌈바라 쌈바라 싸르와 따타가따
구히야 다라니 무드리 붓데 쑤붓데
싸르와 따타가따 디스티따 다뚜가르베
쓰와하 싸마야 디스티떼 쓰와하 싸르와
따타가따 흐리다야 다뚜 무드리 쓰와하
쑤쁘라디스티따 쓰뚜빼 따타가따
디스티떼 후루 후루 훔 훔 쓰와하 옴
싸르와 따타가따 우스니사 다라니
싸르와 따타가땀 다뚜 비부시따디스티떼
훔 훔 쓰와하

➔ 이 다라니를 쓰거나 외우거나 탑 속에 모시고 예배하면 업장이 사라지고 한량없는 공덕을 얻게 된다. - 일체여래심비밀전신사리보협인다라니경

무구정광대다라니(無垢淨光大陀羅尼 : 부처님 사리탑 속에 모시는 다라니. 원이름은 최승무구청정광명대단장법最勝無垢淸淨光明大壇場法)

나모 사다사다디뱌 삼먁삼못다 구티남
바리슛다마나사 바덧따바리딧떠다남
나모 바가바디 아미다유샤야 다타아다야
옴 다타아다슛데 아유비슈다니 싱하라
싱하라 살바다타아다 비리야바리나
바나디 싱하라아유 사마라사마라
살바다타아다삼매염 모디모디
못댜비못다 못다야못다야 살바바바
아바라나 비슛데 비아다마라배염
소못다못데 호로호로 사바하

→ 이 다라니를 들은 사람은 오역죄가 없어져 지옥에 떨어지지 않고, 인색하고 탐내고 질투한 죄업이 사라지며, 수명이 짧은 이는 수명이 길어지고, 여러 가지 상서로운 일이 저절로 생기게 된다. … 이 다라니를 사리탑 속에 넣고 공양하면

수명이 길어지고, 모든 업장과 나쁜 세계에 떨어질 업이 모두 사라지며, 모든 소원이 충족되고, 온갖 질병과 번뇌가 모두 사라질 것이다.
- 무구정광대다라니경

상륜다라니(上輪陀羅尼 : 탑의 상륜당上輪堂 속에 넣는 다라니)

옴 살바다타아다비보라예사리
마니갈나가아라젯다 비못따예사띠
두로두로 사만다미로기데 사라사라
반바미슈다니 못다니삼못다니
바라바라예사띠 바리 마니타세
고로지라마라 비슷데 훔훔 사바하

수조불탑다라니(修造佛塔陀羅尼 : 부처님 탑을 수리할 때 외우는 다라니)

옴 살바다타아다 마라비슈다니
간다비리바나바리 바라디싱새가라
다타아다다도다리 다라다라
산다라산다라 살바다타아다 아딧띠데
사바하

제개장보살 다라니(除蓋障菩薩陀羅尼 : 탑을 조성할 때 탑 속에 넣는 다라니의 하나)

나무 바가바데 나바나바디남 삼먁삼못다
구티나유다 샤다삭하사라남 나모
살바니바라나비사감비니 못디사다야 옴
도로도로 살바아바라나비숫다니
살바다타아다마유반라니 비보리
니마리살바싯다 나마 새가리데 바라바라
살바살타바로가니 훔 살바니바라나
비사캄비니 살바바바비소다니 사바하

제5부 ● 일상생활 속의 진언

➜ 이 다라니를 지극한 마음으로 잠깐만이라도 외우면 온갖 죄업이 모두 사라진다. 이 진언을 탑 속에 넣고 이 탑에 예배하고 찬탄하며 공양하면 모든 죄가 사라지고 모든 업장이 녹으며 모든 소원이 충족될 것이다. - 무구정광대다라니경

2. 업장 소멸

정구업진언(淨口業眞言 : 입으로 지은 업을 깨끗이 하는 진언으로, 경전을 읽기 전에 외운다.)

스리스리 마하스리 쑤스리 쓰와하
※ 기존 발음은
수리수리 마하수리 수수리 사바하

정삼업진언(淨三業眞言 : 몸과 입과 뜻으로 지은 업을 깨끗이 하는 진언. 모든 것은 본성이 청정하므로 나도 마음을 청정하게 하리라 다짐하는 진언)

옴 쓰와바바 숫다 싸르와 다르마
쓰와바바 숫도함
※ 기존 발음은
옴 사바바바 수다살바달마 사바바바
수도함

참회진언(懺悔眞言 : 참회할 때 외우는 진언. 수계受戒할 때도 연비燃臂를 하는 동안 외운다.)

옴 싸르와 붓다 보디싸뜨와야 쓰와하
※ 기존 발음은
옴 살바 못자 모지 사다야 사바하

보참죄장다라니(普懺罪障陀羅尼 : 참회할 때 외우는 진언)

옴 살바 바바 사보타 나하나야 바아라야
사바하

멸죄진언(滅罪眞言 : 죄업을 없애는 진언)

옴 삼마니 사바하

세제죄장진언(洗除罪障眞言 : 죄업을 씻는 진언)

옴 미마라 숫제 사바하

광명진언(光明眞言 : 비로자나 부처님의 원력이 담긴 진언. '불공견삭비로자나불대관정광진언경'에 나오는 이 진언의 원명은 '불공대관정광진언不空大灌頂光眞言'이다. 제사를 지낼 때에도 이 진언을 외운다.)

옴 아모가 바이로짜나 마하무드라 마니 빠드마 즈왈라 쁘라바르따야 훔

* 아모가[不空] : 부처님은 스스로 깨닫고 남들을 교화하시는 두 가지 덕을 다 갖추시어 결코 비어 있지 않다는 뜻.

* 바이로짜나[光明遍照] : '비로자나'와 같이 대일여래大日如來를 가리키는 말.
* 마하무드라[大印] : 오색 광명을 내는 무드라(수인手印)로서 대일여래는 이 무드라로 중생이 부처와 둘이 아님을 보여 주시며 중생을 보살의 길로 인도하신다는 뜻.
* 마니[여의보주] : 이 진언에는 여의보주의 공덕이 있어 이것을 외우면 현재와 미래에 행복하고 안락한 몸을 얻게 된다는 뜻.
* 빠드마[연꽃] : 연꽃이 오염되지 않고 해맑은 것처럼 이 진언을 외우면 모든 죄업이 사라지고 정토에 태어나 불성의 연꽃을 피우게 된다는 뜻.
* 즈왈라[광명] : 이 진언을 외우면 부처님은 지혜의 광명으로 중생의 무명을 없애 주시고 인연 있는 정토로 인도해 주신다는 뜻.
* 쁘라바르따야[전환] : 이 진언을 외우면 어리석음이 깨달음으로 전환되어, 성인과 둘이 아닌 몸을 얻게 된다는 뜻.

제5부 ● 일상생활 속의 진언

* 훔[환희] : 이 진언을 외우면 보리심을 내어 수행하여 성불하게 된다는 뜻.

※ 기존 발음은
옴 아모가 바이로차나 마하무드라 마니 파드마 즈바라 프라바를타야 훔

➜ 만일 어떤 중생이 어디서든 이 진언을 얻어 듣되 두 번이나 세 번, 또는 일곱 번 귓가에 스쳐 지나치기만 해도 곧 모든 업장이 사라지게 된다.

만일 어떤 중생이 십악업과 오역죄와 사중죄를 지은 것이 세상에 가득한 먼지처럼 많아 목숨을 마치고 나쁜 세계에 떨어지게 되었을지라도, 이 진언을 108번 외운 흙모래를 죽은이의 시신 위에 흩어 주거나 묘 위나 탑 위에 흩어 주면, 죽은이가 지옥에 있거나 아귀, 아수라, 축생 세계에 있거나 그 모래를 맞게 된다. 그리하여 모든 부처님과 비로자나 부처님 진언의 본원과 광명진언을 외운 흙모래의 힘으로 즉시 몸에 광명을 얻게 되

고 모든 죄의 업보를 없애게 된다. 그래서 고통받는 몸을 버리고 서방 극락세계에 가게 되어 연화대에 화생化生할 것이다. 그리하여 깨달음에 이르기까지 다시는 타락하지 않을 것이다.
- 불공견삭비로자나불대관정광진언경 / 유심안락도

답살무죄진언(踏殺無罪眞言 : 자기도 모르게 생명을 발로 밟아 죽인 죄를 참회하고 모든 생명들이 극락세계에 가기를 기원하는 진언)

옴 이체리니 사바하

※ 조선시대 진언집에는

옴 일디 유리 사바하

해백생원가다라니(解百生怨家陀羅尼 : 일백생 동안의 원한을 푸는 진언. 구병시식救病施食을 할 때 여러 진언과 함께 외운다.)

옴 아아암악 (108번)

불설소재길상다라니(佛說消災吉祥陀羅尼 : 모든 재앙을 없애 주는 다라니로 절에서 아침에 외우는 '4대주四大呪'의 하나. '치성광대위덕소재길상다라니熾盛光大威德消災吉祥陀羅尼'라고도 한다.)

나마 싸만따 붓다남 아쁘라띠 하따사
싸나남 따디야타 옴 카 카 카히 카히 훔
훔 즈왈라 즈왈라 쁘라즈왈라
쁘라즈왈라 띠스타 띠스타 스띠리
스띠리 쓰푸따 쓰푸따 산띠까 스리예
쓰와하

※ 기존 발음은

나모 사만다 못다남 아바라지 하다사
사나남 다냐타 옴 카카 카헤카헤 훔훔
아바라아바라 바라아바라 바라아바라
디따 디따 디리디리 빠다빠다 선디가
시리예 사바하

➔ 이 다라니를 외우면 길한 일이 생기고 불길한 일이 사라진다. 나라에 큰 어려움이 있을 때 이 다라니를 외우면 모든 재난이 사라진다.
- 불설치성광대위덕소재길상다라니경

대보루각다라니(大寶樓閣陀羅尼 : 부처님의 위신력威神力으로 인간세계가 금강세계로 변하며 그 대지에 큰 연꽃이 나타나고 광명이 큰 누각으로 변하여 불국토가 출현하는 것을 나타내는 다라니. 재齋의 시식施食 때 하는 전경轉經 의식에서 외운다.)

나마 싸르와 따타가따남 옴 비뿔라
가르베 마니쁘라베 따타가따 니다르사네
마니마니 쑤쁘라베 비말레 사가라
감비레 훔훔 즈왈라 즈왈라
붓다빌로끼떼 구햐디 스티따 가르베
쓰와하

제5부 • 일상생활 속의 진언

※ 기존 발음은
나마 사르바 타타가타남 옴 비푸라
가르베 마니프라베 타타가타 니다르사네
마니마니 스프라베 비마레사가라 감비레
훔훔 즈바라 즈바라 붓다비로키테
구햐디 스티바 가르베 스바하

➜ 이 다라니는 죄업을 없애는 진언으로서, 돌아가신 부모님을 위해 독송하면 지옥, 아귀, 축생에 떨어진 영가라 할지라도 인간세계나 천상이나 극락세계로 가게 된다. - 대보광박루각선주비밀다라니경

보루각진언(寶樓閣眞言 : 지옥, 아귀, 축생 등 모든 악한 세계를 깨부수는 금강석 보주와 같은 진언)

옴 마니 바즈라 훔
또는
옴 마니 다리 훔 파뜨

멸악취진언(滅惡趣眞言 : 지옥, 아귀, 축생과 같은 나쁜 세계에 빠지지 않도록 지켜 주는 진언. '광명진언'과 같다.)

옴 아모가 바이로짜나 마하무드라 마니 빠드마 즈발라 쁘라바르따야 훔

※ 기존 발음은

옴 아모가 미로자나 마하모나라 마니바나마 아바라바라 말다야 훔

구발아귀진언(救拔餓鬼眞言 : 아귀를 구해내는 진언)

옴 람바룽바룽 훔 흐리 아다라다 밤 방 라룽 치림 부림

환귀본토진언(還歸本土眞言 : 화장火葬 후 유골의 재를 뿌리며 업장이 사라지기를 기원하는 진언. 매장할 때에도 하관하면서 이 진언을 외운다.)

옴 바자나 사다모

3. 소원 성취

대원성취진언(大願成就眞言 : 소원 성취를 기원하는 진언)

옴 아모카 살바다라 사다야 시베 훔

여원진언(與願眞言 : 소원 성취를 기원하는 진언)

나마 싸만다 붓다남 바라다 바즈라
뜨마까 쓰와하

성취종종공덕진언(成就種種功德眞言 : 온갖 공덕을 얻기를 기원하는 진언)

옴 바아라 미라야 사바하

보부모은진언(報父母恩眞言 : 부모님의 은혜를 갚기를 기원하는 진언)

나모 사만다 못다남 옴 아아나 사바하

보부모은중진언(報父母恩重眞言 : 부모님의 은혜를 갚는 진언)

옴 아아나 사바하

선망부모왕생정토진언(先亡父母往生淨土眞言 : 돌아가신 부모님의 극락왕생을 기원하는 진언)

나모 사만다 못다남 옴 숫제유리 사바하

보시주은진언(報施主恩眞言 : 자기에게 베푼 사람의 은혜를 갚는 진언)

옴 아리야 승하 사바하

제5부 ● 일상생활 속의 진언

수구다라니(隨求陀羅尼 : 구하는 대로 다 얻고 성불하기를 기원하는 진언. '수구즉득다라니隨求卽得陀羅尼' 또는 '대수구대명왕대다라니大隨求大明王大陀羅尼'라고도 한다. 원명은 '금강정유가 최승 비밀성불 수구즉득 신변가지 성취 다라니')

못다바땀 살바다타 아다 삼만다 아바라
미슷제 보리다 진다마니 모나야 아비라
이다다라니

※조선시대의 '삼문직지(三門直指)'에는

못다 바땀 살바다타아다 삼만다 아바라
마라미슷제 쁘리다 진다마니 모나라
하리나야 아바라 이다다라니 마하바라
디사라 마하미 냐라아 마하다라니

➜ 어떤 사람이 이 진언의 제목만 들었거나 이 진언을 외우는 사람과 함께 살기만 하여도 선한 신들이 밤낮으로 따라다니며 지켜 주어 모든 재앙이 사라지고 편안하게 된다. 더욱이 이 진언을 외우는 사람은 무거운 죄를 지었더라도 지옥에

떨어지지 않고 극락세계에 가게 될 것이다.
 누구든지 이 진언의 제목만 외워도 반드시 행복을 얻고 질병이 없을 것이며, 건강하고 복덕이 늘어날 것이며, 남들이 해치지 못할 것이며, 하는 일이 모두 이루어질 것이다. - 수구성취다라니경

수구진언(隨求眞言 : 구하는 대로 다 얻기를 기원하는 진언)

옴 바아라 다도바아라 소다라 반자 락가라 미다니나 훔다

구생시방정토진언(求生十方淨土眞言 : 시방의 정토에 태어나기를 기원하는 진언)

옴 기리기리 바아라 볼반다 훔바닥

구생제천궁진언(求生諸天宮眞言 : 하늘나라에 태어나기를 기원하는 진언)

옴 상아례 바례 사바하
옴 다라리네 사바하
옴 이제리니 사바하

금강수명다라니(金剛壽命陀羅尼 : 건강하고 장수하기를 기원하는 진언)

옴 바아라 유사 사바하

연수명다라니(延壽命陀羅尼 : 수명이 연장되기를 기원하는 진언)

훔훔 시기 사바하

백자진언(百字眞言 : 모든 소원이 빨리 이루어지기를 기원하는 진언. '백자명百字明' 또는 '금강살타백자명'이라고도 한다.)

옴 바즈라 싸뜨와 싸마야 마누 빨라야
바즈라 싸뜨와 뜨웨노빠띠스타 드리도
메 바바 쑤또시요 메 바바 아누락또
메 바바 쑤뽀시야 메 바바 싸르와 씻딤
메 쁘라야차 싸르와 까르마쑤 짜 메 찌따
스리야 꾸루 훔 하 하 하 하 호 바가밤
싸르와 따타가따 바즈라 마 메 뭉짜
바즈리바바 마하싸마야 싸뜨와 아하

➔ 매일 밤 잠들기 전에 이 진언을 일곱 번 외우며 하루 동안 저지른 죄업을 참회해야 한다.
- 금강정유가중략출염송경

4. 공양(식사) 때

전발진언(展鉢眞言 : 발우 즉 밥그릇을 펴며 외우는 진언)

옴 발다나야 사바하

정식진언(淨食眞言 : 물이나 음식을 먹으며 외우는 진언)

옴 살바 나유타 발다나야 반다반다 사바하
또는
옴 다가바아라 훔

절수진언(絶水眞言 : 밥그릇을 씻어 설거지한 물을 아귀들에게 베풀며 외우는 진언)

옴 마휴라세 사바하

정수진언(淨水眞言: 물 먹을 때 외우는 진언)

옴 바시 바라마니 사바하

비시식진언(非時食眞言 : 때가 아닐 때 음식을 먹을 경우 외우는 진언)

옴 사리 어사리 사바하

5. 화장실에서

입측진언(入厠眞言 : 화장실에 들어갈 때 외우는 진언)

옴 하로다야 사바하

세정진언(洗淨眞言 : 뒤를 씻을 때 외우는 진언)

옴 하나 마리제 사바하

제5부 • 일상생활 속의 진언

세수진언(洗手眞言 : 손을 씻을 때 외우는 진언)

옴 주가라야 사바하

세족진언(洗足眞言 : 발을 씻을 때 외우는 진언)

옴 바시 바라마니 사바하

무병수진언(無甁水眞言 : 손발 씻은 물을 버릴 때 외우는 진언)

옴 정체혜체 사바하

거예진언(去穢眞言 : 더러운 분뇨를 치울 때 외우는 진언)

옴 시리예바혜 사바하

정신진언(淨身眞言 : 화장실에서 몸을 깨끗이 씻을 때 외우는 진언)

옴 바아라 뇌가닥 사바하

수구향수진언(漱口香水眞言 : 양치질을 하며 문수보살 지혜의 물로 번뇌를 깨끗이 씻기를 기원하는 진언)

옴 바라나 바즈라 담

삭발진언(削髮眞言 : 머리 깎을 때 외우는 진언)

옴 싯전 도민다라 발다나야 사바하

제5부 • 일상생활 속의 진언

6. 병 치유와 호신

호신진언(護身眞言 : 몸을 보호하는 진언 ☞ '문수보살 근본 일자 진언' 참고)

옴 찌림
※ 기존 발음은
옴 치림

제일체질병다라니(除一切疾病陀羅尼 : 모든 질병이 낫기를 기원하는 진언)

다냐타 미마려미마려 바나구지려
시리말저 군나려 수노비 인나라
의녕모예 사바하

정안진언(淨眼眞言 : 눈이 맑아지기를 기원하는 진언 - 잡보장경)

타댜타 시리 미리 히리 헤헤투

호제동자다라니(護諸童子陀羅尼 : 어린이를 보호하는 진언)

다냐타 보타보타보타 누마제 보디 보디
마례 식사야 사샤리 사다네 사라디
다례다례 바라다다례 사마니슈볘 슈례
바라제 슈람샤미제 반타 반희 바아니
기마니 다바니 사바하 니바라니 사바하

→ 이 다라니는 모든 어린이로 하여금 두려움에서 벗어나 편안하여 아무 걱정이 없게 할 것이다. 아기가 태 안에 있을 때나 처음 태어날 적에도 모든 환난이 없게 할 것이다.
- 불설호제동자다라니주경

장수멸죄 호제동자다라니(長壽滅罪護諸童子陀羅尼 : 임신중이나 출산할 때 순산을 기원하고, 어린이의 수명이 길고 병이 낫기를 기원하는 진언.)

바드미바 두미제비 해리해리 헤미제리
제라제려 후라후려 유려유라 유려바라
바려문 제진질 빈질 반서말질 지나가리
사바하

금강역사 호제동자다라니(金剛力士護諸童子 陀羅尼 : 금강역사가 모든 어린이를 보호해 주기를 기원하는 진언)

다디야타 전달리 전달라비제 전달라마
훔 전달라발제 전달라불리 전달라사이
전달라지리 전달폐양 전도루
전달라바라자 전달라물달리
전달라바디이 전달라바양 전달라카기
전달라노기 사바하

제6부
의식 속의 진언

1. 예경 의식의 진언
2. 헌공 의식의 진언
3. 관불 의식의 진언
4. 영가천도 의식의 진언
   (1) 대령
   (2) 관욕
   (3) 시식
   (4) 봉송

제6부 의식 속의 진언

1. 예경(禮敬) 의식의 진언

정구업진언(淨口業眞言 : 입으로 지은 업을 깨끗이 하는 진언. 새벽에 도량을 청정하게 하는 도량석이나 경전을 읽기 전에 외운다.)

스리스리 마하스리 쑤스리 쓰와하

※ 기존 발음은

수리수리 마하수리 수수리 사바하

오방내외안위제신진언(五方內外安慰諸神眞言 : 동·서·남·북·중 오방의 안팎에 있는 신들을 편안하게 하는 진언. 도량석이나 천수경 독송을 할 때 외운다. '내외안토지진언內外安土地眞言'이라고도 함.)

나마 싸만따 붓다남 옴 뚜루 뚜루 지미
쓰와하
※ 기존 발음은
나무 사만다 못다남 옴 도로도로 지미
사바하

파지옥진언(破地獄眞言 : 지옥을 깨뜨려 지옥에서 고통받는 중생이 해탈하기를 기원하는 진언)

새벽에 법당의 종을 울릴 때
나모 아다시지남 삼먁삼못다 구치남
다냐타 옴 아자나 바바시 지리지리 훔
저녁에 법당의 종을 울릴 때
옴 가라지야 사바하

헌향진언(獻香眞言 : 예불할 때 향 공양을 올리며 외우는 진언)

옴 바아라 도비야 훔

제6부 • 의식 속의 진언

2. 헌공(獻供) 의식의 진언

보례진언(普禮眞言 : 널리 삼보께 예배하는 진언)

옴 바아라 믹

정삼업진언(淨三業眞言 : 몸과 입과 뜻으로 지은 업을 깨끗이 하는 진언. 모든 것은 본성이 청정하므로 나도 마음을 청정하게 하리라 다짐하는 진언.)

옴 쓰와바바 숫다 싸르와 다르마
쓰와바바 숫도함
※ 기존 발음은
옴 사바바바 수다살바달마
사바바바 수도함

개단진언(開壇眞言 : 법단을 여는 진언)

옴 바즈라날라 닥까따야 싸마야
쁘라베 사야 훔
※ 기존 발음은
옴 바아라 뇌로 다가다야 삼마야
바라베 사야 훔

건단진언(建壇眞言 : 법단을 세우는 진언)

옴 난다 난다 나띠 나띠 난다바리 쓰와하
※ 기존 발음은
옴 난다난다 나디나디 난다바리 사바하

제6부 • 의식 속의 진언

정법계진언(淨法界眞言 : 법계 즉 온누리를 청정하게 하는 진언)

나마 싸만따 붓다남 람

또는

옴 람

※ 기존 발음은

나무 사만다 못다남 남 [82]

또는

옴 남

보소청진언(普召請眞言 : 불보살님을 청하는 진언)

나무 보보제리 가리다리 다타아다야

---

[82] 조선시대 진언집(망월사 판)에는 '나모 사만다 못다남 람 달마 다도 ᄉ비바바 둑마구함' 으로 되어 있다.

헌좌진언(獻座眞言 : 불보살님께 자리를 올리는 진언)

옴 바아라 미나야 사바하
또는 (중단권공 때)
옴 가마라 승하 사바하

무량위덕자재광명승묘력변식진언(無量威德自在光明勝妙力變食眞言 : 한량없는 위덕과 자유자재한 광명의 뛰어나고 묘한 힘으로 음식을 변화시켜 공양하는 진언. '변식진언' 이라고도 함.)

나막 살바다타아다 바로기제 옴 삼바라 삼바라 훔

시감로수진언(施甘露水眞言 : 중생이 모든 업장을 없애고 극락세계에 갈 수 있도록 감로수를 베푸는 진언. '감로수진언' 이라고도 함.)

나모 소로바야 다타아다야 다냐타 옴 소로소로 바라소로 바라소로 사바하

일자수륜관진언(一字水輪觀眞言 : 수륜 즉 물을 나타내는 글자를 관하는 진언)

옴 밤 밤 밤밤

유해진언(乳海眞言 : 바다같이 한량없는 진리의 젖을 얻게 하는 진언)

나모 사만다 못다남 옴 밤

운심공양진언(運心供養眞言 : 부처님의 마음을 움직여 공양하시게 하는 진언)

나막 살바다타 아제비약미 새바모계
비약 살바다캄 오나아제 바라헤맘 옴
아아나캄 사바하

보공양진언(普供養眞言 : 불보살님께 널리 공양을 올리는 진언)

옴 아아나 삼바바 바아라 훔

보회향진언(普廻向眞言 : 공덕을 모든 중생에게 회향하는 진언)

옴 삼마라 삼마라 미만나 사라마하
자가라바 훔

원성취진언(願成就眞言 : 소원 성취를 기원하는 진언)

옴 아모카 살바다라 사다야 시베 훔

보궐진언(補闕眞言 : 빠진 것을 보충하여 공덕의 성취를 확실하게 하는 진언)

옴 호로호로 사야모케 사바하

진공진언(進供眞言 : 신중단에 공양하는 진언)

옴 살바반자 사바하

3. 관불(灌佛) 의식의 진언

욕불진언(浴佛眞言 : 불상을 목욕시킬 때 외우는 진언)

나모 사만다 못다남 옴 아아나 삼마삼마 사바하

시수진언(施水眞言 : 모든 중생의 정수리에 물을 부어 번뇌가 사라지고 모두 성불하기를 기원하는 진언)

옴 도니도니 가도니 사바하

4. 영가천도 의식의 진언

(1) 대령(對靈)

보소청진언(普召請眞言 : 영가를 청하는 진언)

나무 보보제리 가리다리 다타아다야

(2) 관욕(灌浴)

정로진언(淨路眞言 : 영가가 오가는 길을 깨끗하게 하는 진언. 발인發靷할 때에도 외운다.)

옴 소싯디 나자리다라 나자리다라
모라다예 자라자라 만다만다 하나하나
훔바탁 [83)]

---

83) 조선시대 진언집(망월사 판)에는 '옴 소싯디 라자리다라 라자리다라 모다라예 자라자라 만다만다 하나하나 훔바닥'으로 되어 있다.

제6부 • 의식 속의 진언

목욕진언(沐浴眞言 : 영가가 목욕할 때 외우는 진언)

옴 바다모 사니사 아모가 아례 훔

작양지진언(嚼楊枝眞言 : 영가가 양치질할 때 외우는 진언)

옴 바아라하 사바하

수구진언(漱口眞言 : 영가가 양치질을 마치고 입을 헹굴 때 외우는 진언)

옴 도도리 구로구로 사바하

세수면진언(洗手面眞言 : 영가가 손과 얼굴을 씻을 때 외우는 진언)

옴 사만다 바리숫제 훔

화의재진언(化衣財眞言 : 삼보의 가피력으로 종이옷을 태워 영가의 해탈복解脫服으로 변하게 하는 진언)

나모 사만다 못다남 옴 바자나 비로기제 사바하

수의진언(授衣眞言 : 영가에게 해탈복을 드릴 때 외우는 진언)

옴 바리마라바 바아리니 훔

착의진언(着衣眞言 : 영가가 옷을 입을 때 외우는 진언)

옴 바아라 바사세 사바하

제6부 • 의식 속의 진언

정의진언(整衣眞言 : 영가가 옷을 단정히 여미는 진언)

옴 삼만다 바다라나 바다메 훔 박 [84]

지단진언(指壇眞言 : 영가가 욕실을 나와 상단의 부처님을 향할 때 외우는 진언)

옴 예이혜 베로자나야 사바하

수위안좌진언(受位安座眞言 : 영가를 영단에 모실 때 외우는 진언. '안좌진언' 이라고도 한다.)

옴 마니 군다니 훔훔 사바하

---

[84] 조선시대 진언집(망월사 판)에는 '옴 사만다 사다라나 바드메 훔박' 으로 되어 있다. '작법구감(作法龜鑑)' 에는 '옴 삼만다 사따라나 바듸몌 훔박'.

(3) 시식(施食)

파지옥진언(破地獄眞言 : 지옥을 깨뜨려 지옥에서 고통받는 중생이 해탈하기를 기원하는 진언. 법당의 종을 울릴 때에도 외운다.)

옴 가라지야 사바하

또는

**나모 아다시지남 삼먁삼못다 구치남
다냐타 옴 아자나 바바시 지리지리 훔**

해원결진언(解寃結眞言 : 영가가 맺힌 원한을 풀고 극락세계로 가기를 발원하는 진언. 문상間喪을 할 때에도 외운다.)

옴 삼다라 가닥 사바하 [85]

---

85) '옴 삼다라 가다약 사바하' 라고 외우는 경우도 있다. 조선시대 진언집(망월사 판)에는 '옴 삼다라 가다 수바하' 로 되어 있다.

헌좌진언(獻座眞言 : 불보살님께 자리를 올리는 진언)

옴 바아라 미나야 사바하

수위안좌진언(受位安座眞言 : 영가를 영단에 모실 때 외우는 진언. '안좌진언'이라고도 한다.)

옴 마니 군다니 훔훔 사바하

변식진언(變食眞言 : 영가가 먹을 수 있게 음식을 변화시키는 진언)

나막 살바다타 아다 바로기제 옴 삼마라 삼마라 훔

시감로수진언(施甘露水眞言 : 영가에게 감로수를 베푸는 진언. '감로수진언'이라고도 함.)

나무 소로바야 다타아다야 다냐타 옴 소로소로 바라소로 바라소로 사바하

일자수륜관진언(一字水輪觀眞言 : 감로수를 모든 영가에게 베풀기 위해 외우는 진언)

옴 밤 밤 밤밤

유해진언(乳海眞言 : 바다같이 한량없는 진리의 젖을 모든 영가에게 베푸는 진언)

나무 사만다 못다남 옴 밤

시귀식진언(施鬼食眞言 : 모든 외로운 영가들에게 음식을 베푸는 진언)

옴 미기미기 야야미기 사바하

시무차법식진언(施無遮法食盡言 : 모든 영가들에게 진리의 음식을 제한 없이 베푸는 진언)

옴 목륵릉 사바하
또는
옴 목역릉 사바하

보공양진언(普供養眞言 : 모든 영가에게 널리 공양하는 진언. 가정에서 제사를 지낼 때에도 공양을 올리고 나서 외운다.)

옴 아아나 삼바바 바아라 훔

(4) 봉송(奉送)

소전진언(燒錢眞言 : 소대燒臺에서 영가의 위패를 태울 때 외우는 진언)

옴 비로기제 사바하

봉송진언(奉送眞言 : 영가를 전송하는 진언. 화장火葬할 때에도 외운다.)

옴 바아라 사다 목차목

상품상생진언(上品上生眞言 : 영가가 극락세계 구품연대九品蓮臺[86]) 가운데서도 최상품에 태어나기를 기원하는 진언)

옴 마니다니 훔훔바탁 사바하

보회향진언(普廻向眞言 : 자기가 지은 공덕을 모든 중생들에게 돌려 중생들이 성불하기를 발원하는 진언)

옴 삼마라 삼마라 미만나 사라마하
자가라바 훔

---

86) 구품연대 : 극락세계에 태어나는 이들이 근기에 따라 태어나는 아홉 가지 연화대(蓮花臺).

참고 도서

- 高麗大藏經 영인본(동국대학교출판부, 1976)
- 雲水壇謌詞(淸虛休靜, 盤龍寺, 1627) : 한국불교전서 제7책(동국대학교출판부, 1989)
- 三門直指(振虛捌關, 隱寂寺, 1769) : 한국불교전서 제10책(동국대학교출판부, 1989)
- 眞言集(暎月, 望月寺, 1800) : 영인본(寶蓮閣, 1996)
- 作法龜鑑(白坡亘璇, 雲門庵, 1827) : 한국불교전서 제10책(동국대학교출판부, 1989)
- 釋門儀範(安震湖, 卍商會, 1935 : 佛書普及社, 1966)
- 천수다라니 공덕과 의미(전재성, 도서출판 이바지, 1997)
- ダラニ大辭典(有賀要延, 國書刊行會, 1998)
- 佛敎的眞言呪語(全佛編輯部 編, 中國社會科學出版社, 2003)